新潮新書

石田敏郎
ISHIDA Toshiro

交通事故学

545

新潮社

はじめに　人は誰でも何かと間違える

尿路結石で初めて入院した時のことだった。朝夕、検温や配膳などで忙しい看護師が血糖値を測りにやって来たが、どうも別人のカルテだったらしく、「あら、間違えた」と言って戻っていった。また別の看護師が血圧を測りに来て、新型の道具を逆さまに装着し、「あれ、壊れてる」と言って旧式タイプのものを取りに帰った。

退院後しばらくして外来に行くと医師がレントゲンを見ながら、「右の腎臓が限界です。すぐに再入院して手術しましょう」。「結石があるのは左ですが」と私が言うと、「レントゲンは逆になりますから」。よく見ると、下に患者名が書かれている。「先生、それ、私のではないのでは？」と言うと、「あ、ほんとだ」。

その後無事に全快したが、その顚末を知り合いの医者に話したら、病院ではよくある話ですよ、とこともなげに言う。いかに専門知識があっても、短時間に次から次に診断と処置をする過程ではエラーが入り込む隙が常にあるということだ。

自動車が発明されて拍手喝采で世の中に迎えられたとき、将来大変なことになる、と言った心理学者がいたそうである。彼の心配は、人間はその知覚特性から見て、動いているものの速度や距離の見積もりが非常に苦手ということだった。予言は的中し、毎年世界中で何十万人もが自動車事故で亡くなっている。

普段、私たちは時速4キロ程度で歩行する。それが数百万年以上続いた後、100年足らずの間に高速移動できる道具を手に入れた。地上を歩いて移動するためのセンサーとして発達してきた視覚や聴覚が、スピードについていけないのは当然かもしれない。

車を運転するのは普通の人たちである。一般ドライバーはそれほどの訓練を受けずに実際の道路で運転を始め、後はほぼ自学自習といえる。

何年もの時間と億単位のお金をかけて養成され、常に厳しい再訓練と健康管理が行われる鉄道運転士や航空パイロットでさえエラーを起こすが、多くの場合は、各種ハードウェアに守られ大事に至らずに済んでいる。しかし、車の安全性能はこの数十年で格段に進歩したものの、衝突回避のための安全装置は、前方の障害物とぶつかるのを防止するシステムが実用化の段階に入ったばかりである。

つまり、車が衝突するかしないかは、あくまでドライバー次第である。

＊

近年、あらゆる分野の事故でヒューマンエラーの占める割合が増えている。機械や周辺環境は向上して信頼性が高まってきても、人間は旧態依然としてあれこれ間違える。エラーは人間の証とはいえ、他人に迷惑をかけるのではどうにもならない。

例えば、橋本邦衛氏は、意識レベルをフェーズ0からⅣまでの5段階に分けて人間の信頼性を述べている(1)。

フェーズ0は眠ったり意識を失ったりした時で、もちろん信頼性はゼロ。

フェーズⅠは疲れた、あるいは酒に酔った状態で、10回に1回くらいエラーをする。極度な緊張状態であるフェーズⅣもこれと同様である。

フェーズⅡはリラックスした状態で、100～10万回に1回くらいエラーを起こす。

最も信頼性が高いのはフェーズⅢで、積極的に活動し適度なストレスがかかった状態で、エラーを起こすのは100万回に1回くらいしかない。

つまり、居眠りは論外として、疲労、興奮した状態での運転は危険だが、逆にあまりリラックスするのも問題だ。ゆとりは大切だが、ありすぎるのも良くないとは、人間は実に厄介なものである。

ドライバーが考えるより、交通場面は複雑である。他の車、自転車、歩行者、カーブ、信号、標識など数え切れない情報を短時間で処理しなくてはならない。短時間で多くを処理しようとすると間違いが多くなる経験は誰でもあるが、まして運転しながら携帯電話やカーナビを操作すれば注意はおろそかになる。

人間は、両方が易しい作業なら難なくこなせるが、難しい作業であれば、どちらかを無視して一方を行うか、時間を延ばして両方行うかしなければならない。

繁華街を運転中に携帯電話が鳴ったとしよう。おそらく、ほとんどはその場で電話に出ようとする。注意すべき対象が山ほどあり、会話にも気を配るとなれば、どれかの処理が遅れたり、やらずに過ごしたりして事故発生の可能性は高まる。

人間の情報処理の速度・容量には限界があり、それを補うため、決まりきった動作は無意識にできるようになる。歯を磨くのにいちいち考えなくても磨けるように、車の運転も慣れると操作のほとんどが自動化され、勝手に手足が動く。訓練が十分でない初心者はこの自動化ができていない。操作自体に多大な注意を向けるため、ぎこちなく、情報も素早く処理できない。当然ながらエラーの確率は高くなる。

では、どうすれば人は事故を起こさずに運転できるか、交通心理学の知見をもとに順を追って話を進めていくことにする。

交通事故学◆目次

1　自分の感覚は疑わしい

ハインリッヒの法則とヒヤリハット

かつて東京都心での交通を初めて見た外国人は、まるでサーカスだと目を丸くしたそうである。筆者もパリの凱旋門などで車が渦を巻いているのを見ると、事故にならないのが不思議だと思うが、運転するのと見るのとは同じではない。

他人が運転する車の助手席に座っていてハラハラするのは、自分の運転の仕方と違うことが原因で、隣で前を見ていればこそである。しかし、運転中にヒヤリとしたりハッとしたりする場面は、ほとんどのドライバー自身が日常的に経験している。

事故寸前までいったが、事故にならなかったケースを潜在事故とかニア事故と呼ぶ。航空機ではこれらを報告する制度が定着している。高圧ガスの事業所や医療関係ではヒヤリハット事例を集めて事故防止に役立てるようになった。

今や、ヒヤリハットは社会全体に根付いた安全活動の一つといえる。自動車では報告制度はないが、事業所単位で事例を集めて資料にしている。実験的にヒヤリハットの事態を再現するのは難しいので、一定の意義があるだろう。

ヒヤリハットの根本にある考え方は、1件の重大災害の陰には29件の軽度の災害があり、その陰には300件のヒヤリとした体験がある、という「ハインリッヒの法則」である。もともと労働災害の発生率から割り出された法則で、ヒヤリハットの数なら車の運転の方がはるかに多いとドライバーは感じている。

ヒヤリハット体験を集めると、以下の五つに分類されるという(1)。

(1) 他者(車・人)の急な介入・かかわり(「飛び出し」「接近」「進路変更」など)

(2) 自然状況の急な変化(「雨」や「雪」「風」など)

(3) 誤判断・誤操作(「信号確認の失念」「ハンドルの切り誤り」など)

(4) 意識水準の低下(「ウトウト・ボンヤリ」「脇見」など)

(5) 故障や突然の異常(「走行車の故障」「荷くずれ」「エンスト」「パンク」など)

私たちの調査でも、「歩行者、バイク、車などの飛び出し」「他車の異常な運転行動」

「先行車の急ブレーキ」「歩行者・自転車・バイクの転倒」「夜間、障害物や歩行者の突然の出現」「路面の凍結」「霧」「台風」「路面の冠水」「ブレーキの故障」「タイヤのバースト」など様々なヒヤリハットが報告された(2)。

筆者自身、これまで50年間の運転経験の中で何度も似たようなことがあるが、こうしたヒヤリハットは、いつどこで発生するか分からない。

車の不具合が原因なら、メカに詳しくなければどうにもならない。状況をしっかり確認し、経験を積んでおけば避けられたものもあるが、対向車がはねた石が飛んでくるなど避けようがない事象もある。

当然ながら、経験に応じてヒヤリハットの中身は変わる。免許取りたてでは運転自体に余裕がないため物陰の幼児に気がつかず、ヒヤリもハットもしないかもしれないが、熟練者は少しの人の動きでもハッとする。初心者は信号の変化に対応し遅れてヒヤリとしても、ベテランならば通過か停止かを瞬時に判断できる。

運転時間が長いトラックドライバーは普通のドライバーよりヒヤリハット体験が多く、タイヤのバーストや荷くずれなど業務にかかわるものが多い。悪天候の場合、一般ドライバーは車を使わなければいいが、業務運転ではそうはいかない。荷物の到着時間に合わせ、大雨や強風など悪条件下でも走行しなければならない。

あまり周囲を気にしない人はヒヤリハット体験が少なく、慎重な人ほど多くなるのは、もともとそういう危険事態に対する感受性が異なるからである。

それでも、運転していれば誰でも急いだり、ボンヤリしたりという心理・生理状態になることがある。そうした状態がヒヤリハットの背景であり、ドライバーの経験、運転の目的、交通や天候の状況、さらには危険に対する感受性などによって、内容や発生回数が変わってくる。

医療現場は業務が複雑で高度だが、対応はかなり一定しているのに対して、車の運転は操作は単純でも、状況変化とそれへの対応が複雑多岐にわたる。だから、単にヒヤリハット事例を集めるだけでは事故の防止効果は上がらない。

事故事例をみると、衝突してから気がついた、気づいたときには何も回避行動ができなかったという場合が多い。つまり、ヒヤリもハットもする間もなかったわけである。

それでも、あの路地はよく子どもがいるとか、交差点の形が複雑で赤信号でも進入してくる車がある、などの情報があれば、自然とその場所では気をつける。起こりやすいヒヤリハット事例を知っていれば、予想して対処することは可能になるはずだ。

緊急事態に備える対処法を、安全運転管理者、教習所指導員、運行管理者（各300名）に質問したところ、最も重要なのは「運転の前に情報を取り入れると同時に、身体の状態に気をつけること」とされ、「危険場面を予想し、その対応を身につけるべく学習すること」がそれに続いた。

安全運転管理者は一般ドライバー、教習所指導員と運行管理者はプロドライバーといえるが、3グループの対処法に大きな差はみられない。

つまり、ヒヤリハットの内容は立場によって様々でも対処法は似通っている。どれだけ情報網を張り巡らせ、ヒヤリハットしない運転状況を作り出すかが鍵を握る。

不惑過ぎの反応遅れ

40歳を過ぎた頃、停止する時にいつも前車との間が詰まり気味で少々不安になった。ブレーキの不具合かと思ったが、やがて自分の反応時間が遅くなっていたことに気がついて、車間距離を少し多めに取るようにした。

機械と違って人間は体調や気分、年齢や道路環境からも影響を受ける。それらがヒューマンエラーを起こすもとになる。

刺激が現れてから、それに対応する反応をするまでの時間（反応時間）は、車や飛行機のような「人間―機械系」システムの場合、人間が行う動作がシステムの成否に関わるので、反応の速さと正確さは重要な要素である。

人間の反応時間が最も速いのは20歳代で、それ以降少しずつ遅れだす。もちろん個人差があるが、40歳では20〜30％、60歳になると倍近くも遅れてしまう。

また一般に人間は音への反応が最も速く、視覚刺激がそれに次ぐ。音や光刺激に対する単純反応時間は0・2秒前後、味覚や嗅覚は1秒程度。味覚は少々遅くてもかまわないが、車が早く止まるにはブレーキ反応時間が特に重要である。

路上の一般ドライバーの反応時間を測定した実験（3）では最も頻度が多かったのは0・6秒、平均値は0・7秒で中には2秒かかる人もいた。普通は1秒程度と考えられるが、反応が遅ければそれだけ停止距離が延びる。乾燥した路面を時速40キロで走行中、反応時間0・7秒でブレーキを踏むと全制動距離は18・3m、うち7・8mが空走距離になる。時速100キロなら20m近く空走してしまう。

事故データにもとづいた研究（4）によると、ドライバーが危険を認知してから回避操作を行うまでの時間を0・5秒減らせば、追突事故の60％、交差点事故の50％、正面衝突の30％を減らすことができる。1秒減らせば、追突事故と交差点事故の90％以上、正面衝突の60％以上を回避できるという。

しかし、そう簡単にはいかない。単純反応はあらかじめ決められた一つの信号への反応で、いくつかの信号の中から対応した信号を選択・判断する反応を「選択反応」という。選択反応時間―単純反応時間＝判断に要する時間。つまり、その人の情報処理能力といえる。

ファーゲンソンは無違反・事故2回以上の群、2回以上違反・無事故の群、事故2回以上で（その事故とは関係のない違反を）2回以上の群、無違反・無事故の群、という四つのドライバー群について検討した結果、予想通り、無事故群の情報処理能力は事故群よりかなり高かった(5)。

中でも興味深いのは違反が多くても無事故の群で、最も情報処理能力が高かった。おそらく彼らは普段からスピードを出す、車間を詰めるなどリスキーな運転をしている。それでも事故にいたらないのは、情報処理能力によるのかもしれないと考察している。

アルコールと誤反応

「一杯飲んだほうが、運転が滑らかになる」という人がいるが、確かに飲酒前と飲酒後では単純反応時間がやや速くなる。しかし、選択反応の誤反応はウィスキーのシングル1〜2杯で約10%、3〜4杯では30%以上も増える(6)。

筆者も何度か、テストコースで飲酒運転の被験者になったことがあるが、ビール1本くらいならスイスイ運転している気分になる。それでも後で運転行動のデータを見ると、明らかにハンドルがふらついている。反応が速くても、情報処理が不正確なら即事故につながるということである。

飲酒運転による事故は毎年5000件以上あるが、そのうち300件弱が死亡事故で、非常に致死率が高い。

アルコールを摂取するとまず情緒が不安定になり、気分が高揚し、声が大きくなる。次いで知的作業能力と感覚知覚機能が低下。酔って議論百出という場面はよく居酒屋で見かけるが、隣で聞いていると訳のわからないことが多い。目がすわる、というのもこの段階で、運動機能にも障害が起こり、千鳥足になって階段から転げ落ちたりする。

もともとアルコール分解酵素が少ない日本人は欧米人に比べて酔いやすく、二日酔いになりやすい。一般に、日本酒を1合飲むと血中アルコール濃度が0・5mg／mℓ程度の「ほろ酔い一歩手前」。2合で1・0～1・5mg／mℓの「ほろ酔い」となり、顔が赤くなり、陽気になり口数が増える。さらに1・5～2・5mg／mℓでは歩行困難となり、意識が不明瞭で同じことを何度も喋ったりする。

人間はアルコールの影響によって反応時間が変動し、追従動作、注意配分、情報処理能力および精神運動機能が低下する(7)。運転への影響は様々で、正常時に比べて飲酒時はアクセル操作の振幅が倍以上になり、速度を出しすぎる傾向がある(8)。疲れているとさらに影響を受けやすく、標識の視認距離が低下する(9)。

飲酒運転の実験で、普段はコーナー手前で減速してギアチェンジするドライバーが、ギアをトップに入れたまま強引に回っていった。理由を聞くと、面倒くさいからアクセル操作だけで何とかしようとしたと言う。いつもはきちんとした運転をするドライバーでも、酒が入ると別人のようになってしまうのだ。

道路交通法では、呼気アルコール濃度0・15mg／ℓ（血中アルコール濃度0・3mg／mℓ程度）で酒気帯び運転になる。水割り1杯、ビール中瓶1本、日本酒0・6合程度だから、このぐらいなら大丈夫だろう、と内心考える人は多い。

前述のように、単純反応時間なら正常時よりむしろ短くなる傾向がある。血中アルコール濃度０・１〜０・29mg／mℓ（第一段階＝ウィスキーのシングル１〜２杯）、０・30〜０・49mg／mℓ（第二段階＝同２〜３杯）、０・50〜０・70mg／mℓ（第三段階＝同３〜４杯）での単純反応時間は、第三段階を除いていずれも飲酒前より短くなった。

しかし、弁別能力や注意配分テストの成績は低下する。例えば選択反応における誤反応（赤信号への反応を指示したのに、青信号を押すなどの誤り）は、いずれも飲酒前に比べて増え、第三段階では32％も増加した（同前６）。

つまり、少量の飲酒では反応時間は短くなるが、その動作は的確な判断のもとに行われたものでないということだ。「この程度なら……」と考えるのは、気がゆるんでいるにすぎない。

個人差という甘え

深夜に農道をすっ飛ばしていてハンドル操作を誤ったのか、田んぼの真ん中にポツンと車があった。一見滑稽だが、周囲が田んぼでなかったらと思うとぞっとする。

飲酒運転事故を類型別にみると、工作物への衝突、路外への逸脱、対向車との正面衝突が多い。これは飲酒による判断力低下や、対向車のヘッドライトによるグレア（眩輝）からの回復時間が遅れるなど視機能の低下を裏付けている。以下、特徴を挙げておこう（同前6）。

・静止物件、つまり安全地帯や電柱などに衝突する。
・駐車中の自動車などに衝突する。
・対向車の眩輝から視力の回復が遅れるので、対向車と正面衝突する。
・道路を見誤って路外に転落する。
・夜間に多い。特に都市の周辺で午後10時から翌朝2時頃までに発生する。
・重大事故になり、致死率が高い。
・飲酒後、30分から60分以内の発生が60％を占める。

当然、飲めば飲むほど危険も増す。血中アルコール濃度が0・6㎎／㎖のドライバーは正常時の約2倍、1・5㎎／㎖では約25倍と急激に事故率が増大する。

相撲取りがウィスキーをボトル1本飲んで、泥酔した記者を自転車の後ろに乗せて家まで送り届けたという話を聞いたことがあるが、普通なら自転車に乗ることもできないだろう（もとより自転車でも道交法違反だが）。

アルコールの影響は人によって、その時の体調やその場の雰囲気によっても変わる。毎日飲酒する人はたまに飲む人に比べて、飲酒後の体内アルコール濃度の時間経過による低下率が大きい（さめやすい）。体重による影響差は顕著で、50キロの人がビール1本飲むと血中アルコール濃度が0・81mg／mℓなのに比べて、80キロの人は0・51mg／mℓ。

飲んだ後で「少しさまして帰るから大丈夫」という人がいるが、ビール1本、あるいは日本酒1合のアルコール分を体内で処理するには3時間かかるという。日本酒を3合飲んで、数時間仮眠をとってから事故を起こした事例などは、二日酔い事故ではなく飲酒事故そのものである。

最近は、軽くて口当たりの良いアルコール飲料が増えたせいか、基準以下の飲酒事故が増えている。周りが注意しないし、取り締まりもない、と気軽に運転してしまうのだろう。若者は身近なドライバーの影響を受けやすいとの研究もあるから、家族や友人が飲酒運転する車に同乗しているうちに自分も習慣化するのかもしれない。

家族や友人が一体とならなければ飲酒運転防止の効果は上がらない。私も友人と飲みに行く時は、友人が車で来たら運転代行業者による帰宅を乾杯の条件にしている。飲酒事故を起こしたら、相手はもちろん、自らの一生も台無しにしてしまうからだ。

加減速による感覚のズレ

軽自動車で箱根辺りに行くと、いくらアクセルを踏みつけても速度が上がらないことがある。馬力がないとはいえ変だ。車を止めて外に出てみると、かなりの上り勾配に気がつく。これと逆に、連続した下り坂で、勾配が弱まる地点を水平と思ってアクセルを踏み込むとオーバーラン事故を起こす。東名高速ができた頃によく話題になった。

ドライバーはしばしばこうした錯覚を起こすが、車の場合、特に重要なのが「速度感」と「距離感」のエラーである。

時速50キロくらいと思って流れに乗って走りながら、メーターを見ると70キロを超えていて驚くことがある。警察がネズミ取り（速度取り締まり）をしていたら一網打尽だ。

ドライバーは正確な車速を意識するより、何となく周囲の車と同じか、自分にとって快適な速度で走行する傾向がある。この速度感は路面の流れや振動、風切り音などでも得られるが、かなり不正確である。

筆者らの路上実験では、助手席に座らせた9名のドライバーにメーターを隠して車速を聞いてみた。40〜60キロまでは10キロほど低く見積もり、速度が高くなると実速に近くなるが、70キロ以上は高速道路だから高めに評価したかもしれない。そのうち一人が40キロを10キロと回答したのにはいささか呆れたが、主観的な速度感というのはそのぐらい、いい加減ということだ。

環境の手掛かりが少ない夜間は車が少なくて走りやすいが、速度感が鈍るのでメーターによる速度チェックを怠らないようにしなくてはならない。

速度計を使わずに速度を「半分」と「倍」にする実験(10)では、減速時は指示より速めに、加速時は遅めになった。高速道路から一般道に出て減速しようとして、単独ではスピードオーバーになりやすいのはこのためだ。

一方、合流でモタつくドライバーは、100キロ前後で流れる走行車線に(遅めの)70キロ程度で入ろうとする。すると本線の車は危険を感じて減速や車線変更しなくてはならず、交通流が乱れてしまう。だから筆者も高速道路への合流では、後続車に不安を与えないようアクセルを踏み込んで充分に加速している。

高速道路で長時間運転していると主観的な速度感が低下する。「速度順応」と呼ばれる現象で、時速100キロで1時間走行して50キロに減速する場合の誤差率は50%に達する。50キロと思ったら75キロも出ているわけだ。定常走行の5秒後には速度順応の効果が現れるという報告もあるから、走り出したばかりでも油断はできない。

速度順応の究極の形は停止時に見られる。信号待ちで停止している時、前方の道路が前に移動する、つまり自分が後ろに移動しているように感じることがある。いわゆる運動残効と呼ばれる現象である。

2・5秒の車間距離

他の車の横方向の動きは視角の変化が大きいので捉えやすいが、対向車は前面の面積変化が小さいため、速い速度で接近してきても気づかないことがある。これがよくある右折車と対向車の衝突＝右直事故の要因となる。

右折時は、レーンに合わせてハンドルを切る、信号のタイミングを測るなど色々な運転作業と情報処理をしなければならない。ワークロード（心身への負荷）が高くなれば速度と距離の判断もしにくくなる。だから右折には細心の注意が必要なのである。

野外に立たせた人までの距離を学生に当てさせてみると、ほとんどが30m以上の距離を正確に判断できない。意図的に車間を詰めるような運転は論外として、追突事故が全事故の3割を占めるのは、ドライバーの距離感の不正確さが一因だ。

ドライバーは見た目の車間距離を、実際より長く見積もりがちである。走行中のドライバーに先行車との車間距離を指定の長さに調整させると、車間距離が長く、速度が速くなるとともに見積もる距離は短くなる。150mの車間距離を指示すると誤差は倍以上にもなる。

多めに車間距離を取っていたつもりが気づいた時には先行車との距離がかなり狭まっていた、という経験は誰にもある。

先行車との車間距離の変化は「ウェーバーの法則」（刺激量の差÷刺激量＝一定）にしたがい、50mの車間距離は45〜40mまで先行車に接近しないと縮まったと認知できない。人間は速度判断と同じように距離判断も苦手なのだ。

教習所では、高速道路で100キロなら100m以上、一般道路では時速マイナス15mの車間距離が必要と教えられる。追突を避けるために理想ではあるが、これでは後ろの車がイライラするし、すぐに割り込まれて自分もイライラしてしまう。

そこで2・5秒の車間距離（車間時間）をお勧めする。2・5秒の車間距離は、時速

100キロで約70m。ブレーキ反応時間を0・7秒、路面の摩擦係数0・8（乾燥路面）とすれば約68mで、先行車が突然停止してもぎりぎり停止できる。

車が流れている状態で一瞬にして先行車が停止することは考えにくいし、先を急ぐ気持ちからドライバーは車間距離を詰めがちだ。無頓着なドライバーもいるが、全体に交通が流れていても、2秒以下の車間距離では事故回避能力からみて危険である。

何かの目安、例えば照明ポールなどを先行車が通過してから、自分が通過するまでの時間を「ゼロ1、ゼロ2、――」と数えれば、ほぼ正確に計れるはずだ。距離より時間の方が判断しやすいというドライバーには、この方法が有効だろう。

もっとも、私自身は時間による判断が得意ではなく、高速道路では車間確認区間を利用して確かめている。これも何度か試すうちに誤差が少なくなるので、一度試して頂きたい。

2　避けられるはずの事故要因

サーカディアンリズムのズレ

高速道路にかかる陸橋から、下を流れる車の車間距離を24時間連続で測ったことがある。昼間、居眠り運転はほとんど見ないが、明け方近くになると居眠り寸前のドライバーが驚くほどいる。ほとんどが車群から離れて中央寄りか路肩付近をモタモタ進んでいて、一時、目を閉じているのが橋の上から分かることもあった。

筆者自身、トンネル内で居眠り運転の車に幅寄せされたことがある。心電図を測りながらの実験で、後で見ると心拍数が上がり、なかなか平常に戻らない状態が記録され、「ワーッ、何やってんだ！」という自分の声も録音されていた。

運転中は常に意識レベルを高く――と言われても、疲れていてできないこともある。覚醒レベルが低下した状態では、前述したように、エラー確率は10回に1回と非常に高くなる。信号を見落としたり、先行車のブレーキランプへの反応が遅れたりする。まして居眠りや意識が朦朧《もうろう》とした状態では、即重大事故につながる。

職業トラックドライバーの追突事故について面接調査したところ、疲労が関係した事例は50件中6件、うち5件が居眠りで、うち長時間運転の過労によるものが3件あった(1)。昼間は配達、夜間は移動を繰り返していれば、休憩や仮眠を挟んでも疲れはたまる。走らないと仕事にならないのは分かるが、無理は禁物である。

仕事でなくても、疲れていれば覚醒レベルは低下する。前日のスポーツ疲れが抜けず高速で追突した事例、趣味の釣りで睡眠不足から居眠りをした事例もあった。どちらも日中の事故だから、体調次第で昼間でも居眠りをするということである。

人間には、サーカディアンリズム（概日リズム）と呼ばれる大脳の活動水準の変動がある。朝起きてから正午にかけて大脳の活動は高進し、午後から低下して明け方が最低になる。明け方の居眠り事故が多いのは、これが影響している。

だいぶ前のことだが、テストコースで24時間連続の運転実験をした。夜中2時頃に被験者（メーカーのテストドライバー）を起床させ、午前3時過ぎにスタート。開始から数時間経過した頃、覚醒水準の低下を示すα波（8〜13サイクルの脳波）が頻繁に見られた。フリッカー値（光点のちらつきを見極められる限界値で、疲労すると値が低く、緊張すると高くなる）を用いた橋本邦衛氏（前出）の研究でも、深夜から次第にフリッカー値が低下し、明け方に最も低くなることが分かっている。

いずれも、サーカディアンリズムによって人間は深夜から明け方にかけての時間帯に精神活動レベルが低くなり、運転するのは危険だということを示している。

二〇一二年四月、関越自動車道でツアーバスが防音壁に激突し、7人が死亡した事故も明け方の4時40分頃に発生している。夜間から明け方の運転は、たとえ昼間睡眠をとっていても危険なのである。

感覚刺激の遮断と眠気

昼間の一般道は、信号や標識、先行車のブレーキランプ、脇道から出てくる他車、横断歩道の歩行者や自転車などひっきりなしに色々な刺激がある。ドライバーはこれらの情報を確認しながら、ブレーキやハンドルで素早く対応している。

それに対して夜間の国道や高速道路は刺激が少なく、実に単調である。最近の車はパワーアシストのおかげで操作の負担が少なく室内も快適、車外の騒音もほとんど気にならない。刺激といえば視覚情報と車の加減速によるものぐらいだ。この快適さは人間にとって却《かえ》って危険で、いわゆる「感覚刺激の遮断」に近い状態となり、大脳の活動レベルが低下し、睡眠状態へと引き込まれてしまうことがある。

アウトバーンが作られた当初、直線だったために事故が多発したというが、日本の高速道路はクロソイド曲線と呼ばれる、真っ直ぐな部分がないように作られている。常にハンドルを少しずつ動かし、操作による身体へのフィードバックを感じることが、居眠り防止につながるからである。

それでも夜中にがら空きの高速を走っていると、眠気に襲われることがある。防止策は、長時間運転を避けて適当な間隔で休憩をとる、一定時間ごとにメーターをチェックする、ミラーで後方確認を頻繁に行う、などである。

運転作業は精神疲労が主でドライバー自身は気づきにくいが、疲れてくると、いつもより車速や方向コントロールが大まかになる。意識水準が低下して、他の交通や環境変化に対する警戒がおろそかになってくるのだ。

運転のようにシートに座ったままの作業からくる疲労は、身体を動かす、あくびをするなどの行動が伴う。助手席にいて、ドライバーが頻繁に身体を動かしたり、話しかけても生返事をしたりするようなら、休憩か交代を申し出たほうがいいだろう。

タクシードライバーを対象とした筆者らの研究では、次頁の図に示すように、無事故群は事故群よりも決まった時間帯で休憩をしていた(2)。売り上げが少ないとか、客が多いので休まず走り続けるなど、その日の状況に流されず、いつも一定のリズムで運転している。結果として体調があまり変化しない、疲労が少ない、運転にメリハリが出る、という良い循環が生まれているのだろう。

休憩は疲れ切ってからとるより、その少し前にとるほうが疲労感は少ない。また、仮眠は自分が考えるより休息になっていないことが多いという。1時間仮眠したと思っても実際には数十分で、充分に疲れがとれないまま運転を始めると、すぐにまた眠くなってしまうことがあるから、しっかり時間を確認しなければならない。

居眠り防止には、窓を開けて新鮮な空気を入れる、ガムを嚙む、ミント系の香りを嗅ぐと効果があるという研究結果がある。大声で歌うという人もいるが、いずれも一時的な効果なので、やはり眠くなったらすぐに休憩するのが事故を避ける最善策である。

携帯電話を使うと危険度は4倍

少し前、駅のホームで携帯電話を見ていた小学生が線路に落ちてニュースになったが、

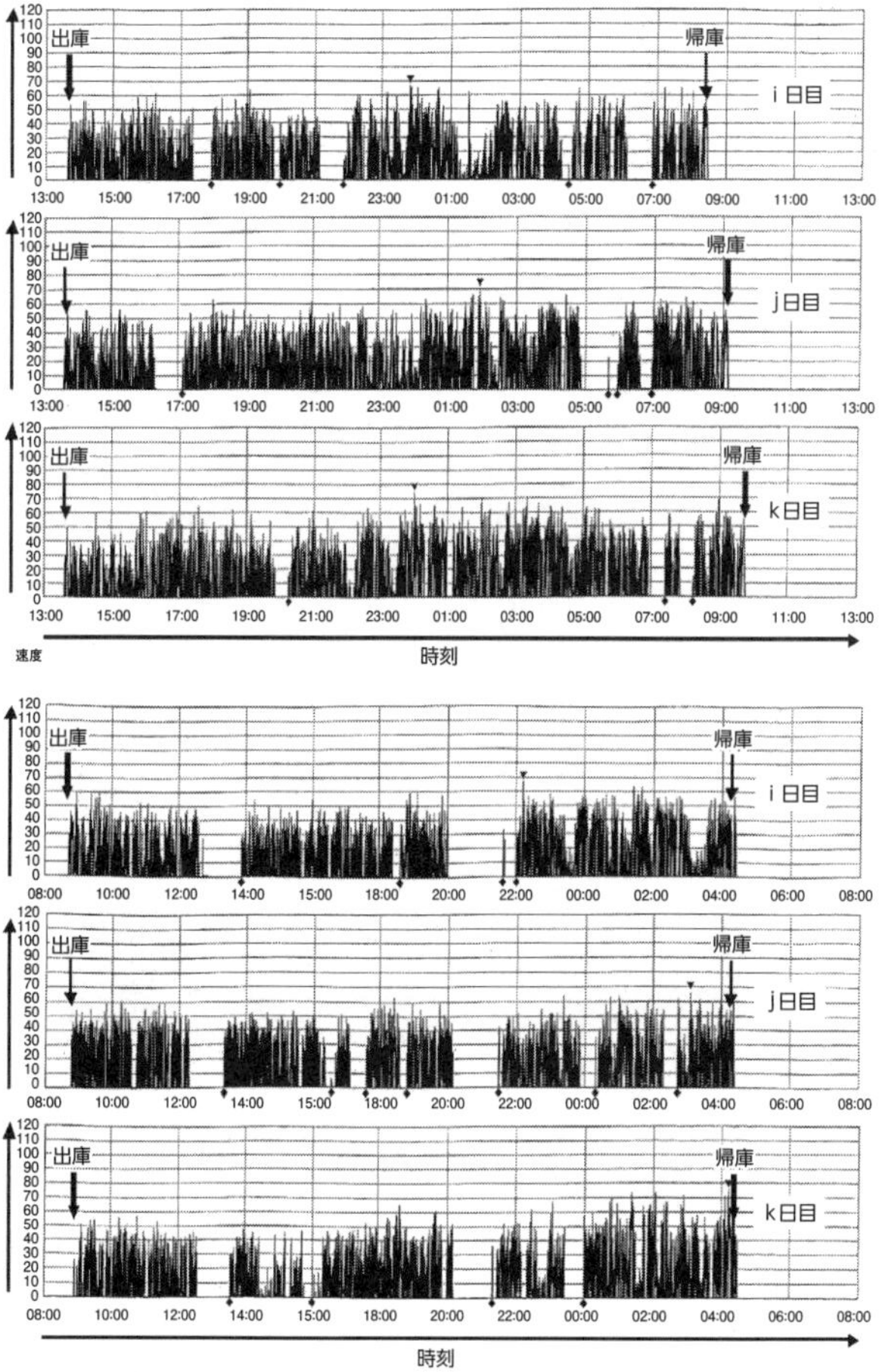

事故多発運転者と無事故運転者の休憩の取り方の比較。デジタルタコグラフを速度化したもの。上の図は事故多発者で、休憩（グラフの空白）の取り方が一定していない。下の図は無事故者で、ほぼ同様の時間帯に休憩を取っている。

近頃は自転車に乗りながら、歩きながらでも見ている人が多い。スマートフォンを注視中は視野が3分の1になってしまう、というから非常に危険だ。

十数年前、車から外部と通信する方法は無線か自動車電話に限られ、無線は免許が必要で自動車電話はリースで高額だったから、一般には普及しなかった。

車を運転中の電話は、仕事の連絡などどうしても必要な人も多いだろうが、開発当初から危険性が指摘されていた。40年以上も前の研究でも、ハンドル操作のようなある程度動作の決まった運転行動にはあまり影響しないが、ある間隔を車が通れるかどうかというような知覚や意思決定の能力低下が指摘されている(3)。

当時はあまり話題にならなかったが、携帯電話の大幅な普及によってにわかに現実となった。一九九七年には運転中の携帯電話使用が原因となった事故が2297件発生、死亡事故も24件を数えた。それをきっかけに、運転中の使用が規制対象になってから事故は少し減ったが、運転しながら携帯電話をいじるドライバーは相変わらず多い。

かつての自動車電話は取り付け場所が一定で、受話器を上げれば会話ができた。だが携帯電話はその時によって置き場所が違ったり、早く出ようと慌てたりする。その上、小さなボタンを見るので前方不注意になりやすい。

携帯電話の運転への影響は、①発信・受信によるもの、②通話によるもの、③運転者の属性の違い、の三つに大別される。①は操作のために電話機を見るため、運転に必要な情報をとれなくなること。②は会話の複雑さで、別れ話や金銭トラブルのような内容では運転どころではないだろう。③は電話の操作への慣れ（不慣れ）がある。初心運転者が携帯電話を使えば、いっそう危険ということである。

筆者らの実験でも、運転中に携帯電話を使うとブレーキ反応が遅れる、周囲への注意配分が悪くなる、目配りが鈍くなる、ハンドルがふらつく、などが確認された(4)。

携帯電話に起因する交通事故の7割は、着電および架電時に発生しているという。実験では、着信から通話状態にして視線が元に戻るまでの視線の移動時間は1・9秒。つまり、約2秒間脇見をしているのと同じである。

床に転がった携帯電話を取ろうと床に手を伸ばしたために道路外に逸脱した事故もあるが、常になるべく手の届きやすい場所に置いておくこと、使用にはハンズフリーキットを用いることでこうした事故は防げる。

追従して運転している状態で、ドライバーは視覚情報をもとにレーンを保持し、速度を一定に保ち、先行車のブレーキランプに注意しながら車間距離を保持する。

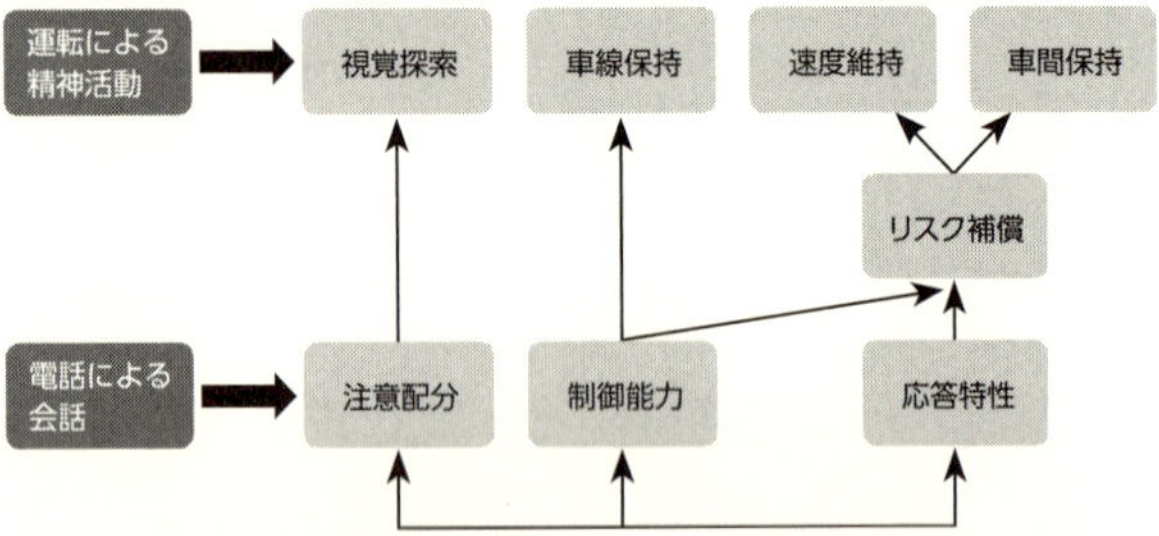

しかし、ラジオやオーディオと違い、会話は相手の話を記憶して回答するという作業だから、運転中に携帯電話で会話をすると、どうしても情報が過負荷状態になる。すると危険を避けるために車速を落とす、車間距離を長くとる、といったリスク回避を行うことになるが、路上では他の車の影響を受けるため、勝手気ままな走行はできない。周辺の車の迷惑になるし、先行車が急ブレーキを踏んでも対応できない（上の図を参照）。

事故を起こしたドライバー699人の携帯電話使用記録を調査した結果、使用中の事故は、使用していない場合の4倍の危険性があるという報告がある(5)。これは、大人がビールを大瓶1本半飲んだぐらいの事故遭遇確率に相当する。

ボンヤリしない感受性を養う

「他のことに気をとられていた」「前をよく見ていなかった」など、いわゆる不注意を事故の原因に挙げる人が多い。確かに人間は、注意しろと言われても、いつまでも一つのことに集中しているのは苦痛だし、不可能でもある。

　ボーリングの「嫁と義母」と呼ばれる有名な絵はご存知の方も多いだろう。意識の向き方によって、左側を向いた若い女性と鼻の曲がった老婆が見てとれる。若い女性だけ（注意）見るように言われても、やがて老婆（不注意）が見えてしまう（左上の図参照）。

　注意と不注意はこれと同じような関係にあり、一方に意識がいく間は、他方には意識がいかない。不慣れな道路で標識を見ていたら信号に気づくのが遅れた、など似たような事例はいくつもある。

ボーリングの「嫁と義母」

　それに加えて、注意を集中できない環境や心理状態がある。不注意の原因は、同乗者と話に夢中になる、道ゆく美女に気をとられたなど外側に意識が向いてしまう場合と、自分の内側、悩みや考えごとに注意が向いてしまう場合とがある。どちらも情報の認知が遅れ、判断を誤りやすい。

　事故統計から認知の誤りを年齢別に見ると、脇見は年齢とともに減少する。若いうちは外界に興味が向くが、加齢とともに余計なものを見なくなるからだ。その代わり、安全不確認が増えてくる。運転経験が増すと、他に車はいないだろう、減速しなくても大丈夫だろう、といった予測運転が増えてくる。

また、年齢が増すにつれ、考えごとや悩みごとに注意を奪われ、運転に集中していないということも考えられる。考えごとにも色々あるが、病気やローン、対人関係などはなかなか頭から離れないものだ。運転していても心ここにあらずでは、「見れども見えず、聞けども聞こえず」になってしまう。

「脇見」は実際に何を見ていたのか、トラックの追突事故の人的要因分析で調査したことがある。その結果、車内ではタバコ、缶ジュース、伝票、ごみ箱、ライター、カーステレオ、チューインガムなど運転とは関係ないものばかりである。

車外では、他の車、標識、側道、信号、駐車場所、外の店と実に広範囲にわたる。バックミラーを見ていたケースも多かったが、大半が何気なく後方の状況を見ており、必ずしも情報をとるためではなかった。

運転は、間断なく外部からの情報を処理しながら行われる。ドライバーが〝一瞬〟と思う時間が意外に長く、状況が変化してしまう場合があることを肝に銘じなくてはならない。

さらに、色々と注意しているのに肝心の視対象を見落としてしまい、事故になるケースがある。右左折、直進、発進、後退時などいつでも起こる可能性があるので、以下、実際の事故事例から特徴を挙げておく。

右折時……左側の確認が遅れる。例えば、右側の横断歩道上の歩行者が気になり、左側から駆け足で横断してくる歩行者を見落とす。また、前方の状況だけを見ていて左右の確認が遅れる。交通量が少ないので左右をよく確認せず右折し、右側からの横断者の発見が遅れる。

左折時……一旦は車両後方を確認するが、さらに進行して横断歩道を通過する際、左後方から接近してくる自転車を見落とす。

直進走行時……一度は前方の路肩付近にいる歩行者を確認したが、その後、何気なく前方を見ていて歩行者の横断を見落とす。

発進時……発進時に左右の道路状況の確認を怠る、見通しの悪い路地から通りに出る際に左右の確認を怠る。

後退時……左右のミラーを見ながら後退する際、真後ろの横断者を確認していない。

こうした危険事象の見逃しは、多くの場合、急いでいたり、考えごとをしていたりという背景要因が関係していることが多い。

付け加えると携帯電話の他、カーナビやカーステレオの操作、タバコもしばしば注意を低下させる。運転中にタバコを吸いたくなっても、停止した時に火をつける習慣を身につけることである。どんな状況で不注意状態になりやすいか、日頃からその感受性を養うことが大切だ。

3　自分はどんなタイプの運転者か

初心者は常に過信する

よく教習所の先生から、「初心者にどこを見るように指導すればいいか」と尋ねられる。これはなかなか難問で、普段自分がどこを見て運転しているかなど意識しないし、分かったところで初心者がその通りにできるとも思えない。

初心運転者講習制度ができて以来、事故は少しずつ減少しているが、彼らが起こす重大事故が多いのは事実で、統計上、全事故の3割以上が24歳以下のドライバーによって引き起こされている。

青年期は精神、運動機能が急激に発達するのに比べて社会的態度や意識が未成熟な上、免許取得後間もないという運転経験の少なさにも起因している。

年齢と同様に運転経験と事故発生率には高い相関があり、経験3年未満のドライバーによる事故は毎年全事故の30％前後を占める。

しかし、初心者と熟練者をどこで分けるかは難しい。免許取得後1年間で数万キロ運転する人もいれば、私の家内のように免許取得後四十数年間ずっとペーパードライバーという人もいる。本来、初心者とベテランは走行キロ数などの運転経験で分けるべきなのかもしれない。

それでも交通事故統計全体を見ると、免許取得後1年未満のドライバーによる死亡事故が最も多く、5年程度経つと1年未満の半分ほどになる。その間に事故を避けるための運転技能と交通環境への適応を身につけるからだろう。

若者の初心者は経験不足からこんな事故を起こす。

――免許を取って2日のA君は車に友人2人を乗せ、一般道を100キロ近いスピードで走っていた。橋の上の緩い右カーブにさしかかった時、突然犬が飛び出してきた。避けようとしてハンドルを左に切って歩道の縁石に接触、慌ててハンドルを右に切り返すと今度は対向車線に飛び出し、反対側の縁石に接触しそうになった。さらにハンドルを左に切り返すと車はスピンして橋の欄干と水銀灯に衝突、約8m下の川に転落した。

そもそもスピードが問題だが、この事例は典型的な初心者の事故である。A君は危険を感じてから事故に至るまで、終始ハンドル操作で障害を回避しようとした。犬を避けるため左、右、左と操作を繰り返しているが、一度も減速動作をしていない。

高速走行中の急ハンドルがどれだけ危険か、経験を積んだドライバーなら誰でも知っている。飛び出しに対する基本的な運転操作は減速であり、ハンドルによる回避は特別な場合を除いては効果が小さい。緊急事態に動揺して適正な判断ができず、誤った動作を繰り返したための大事故で、車体のコントロールにはほど遠い。

年齢の若いドライバーほど、自分が事故に遭う可能性は低く他の若者より操縦技術が上だと自己評価する傾向にあるという。A君には、友人に格好よく見せたいという心理もあったはずだ。同乗者が家族や年配者なら、事故は起きなかったかもしれない。

ベテランはどこを見ているか

アイカメラを使い、高速道路での初心者と熟練者の視覚探索行動を比較した実験で、初心者には以下のような特徴があることが分かった(1)。

・注視点が狭い範囲に集中する。
・熟練者より車両直前、および進行方向の右側（右側通行の場合）を多く見る。

・熟練者よりミラーを見る回数が少ない。

・高速道路では、熟練者が注視するだけなのに対し、初心者は眼で追跡する。

熟練者は中心視で主に道路の消失点を見る。自車の進行方向をしっかり見て、レーン位置などは周辺視の流れの中で捉えている。

一方、初心者は中心視であちこち見回し、時に運転と関係ない電柱などを凝視する。初心者のハンドルが不安定なのは、車の直前や運転には無関係の車外のものを見てしまい、進行方向をしっかり見ていないことが原因の一つである。

他に車がいない広い道路で、1台だけの駐車車両に衝突した知人がいる。免許取り立ての頃で、その車を避けなくてはと思うほど吸い寄せられていったそうだ。見ている方向と進行方向が一致してしまう典型である。

同じくアイカメラを用いて市街路、山岳路、高速道路上で、初心者と熟練者の注視特性を比較した実験でも、初心者は市街路では重要な視対象を見逃したり、重要でない視対象に固執したりした(2)。

熟練者は不適切な注視の割合がほとんどないのに、初心者は右左折時に62%もあった。

山岳路のカーブ区間では熟練者が右カーブで85％、左カーブで68％の割合で内側を注視するのに対して、初心者はそれぞれ54％、31％にとどまった。初心者はカーブ内側をあまり注視しないということである。

つまり、初心者は注視対象物に対する危険性の評価能力、潜在的危険を予知・予測する能力が未発達であると述べている。

しかし、一方ではこんな現実もある。ある自動車学校にお願いして、免許取得直後、1年後、3年後、5年後のドライバー（計11名）に、卒業検定と同じ試験を受けてもらう実験をした。すると検定員はいつもと同じように採点したが、被験者全員が落第してしまったのである。

経験年数による運転行動の変化を見ると、取得直後は車両左側の車幅感覚が欠如しているため、接輪や脱輪が発生。エンストなど操作の未熟さも見られた。

1年後は右側後方の交通状況の認識が未熟で、目視による確認をしっかり行わずに車線変更するという行動が見られた。

3年後になると車速が上がり、対向車が通過する前に右折を開始する、交差点の最短コースを通って右折するなど不適切な行動が見られた。

5年後は運転技能の向上は見られないが確認動作が習熟し、3年後に見られた問題行動を補えるようになっていた。とはいえ危険行動が減少したわけではなく、避けるためのタイミングの取り方が上手くなったということである。

この結果を見ると、5年経てばベテランとも言いきれない。確かに運転技能は上達するが危険行為は増え、経験でカバーしている構図が見える。正しい指導のもとに獲得された運転技能ではなく、実践的なものだから間違いも多い。全員が再試験に落第したことがそれを表している。ベテランと思っているのは本人だけかもしれない。

免許取得後5年間の運転上の変化を自己評価させた研究によると、周囲への注意や危険予測ができるようになった、という情報処理能力の増加は半年後がピークになる一方で、安全軽視（スピードを出す、危険な運転をする）の傾向は半年から1年後に増加し、その後もほとんど変わらなかった(3)。

安全重視の態度は運転経験とともに高まっている。その後は事故率が一定になることを考えれば、安全運転への態度は5年前後の運転経験の中で形成されるといえよう。実際はほとんど行われていないが、その間の安全教育が大切ということである。

老人の運転はどこが危ないか

高齢者が歩道や店に車で突っ込む事故がしばしば報じられるようになった。世界一の高齢化社会にあっては必然ともいえる。

高齢になれば、視機能、運動機能、反応時間の低下、判断の遅れなど、加齢に伴う影響は数え切れない。また突然の心臓発作や、慢性疾患に対する薬物の影響も出てくる。

高齢者がカーナビを上手く使えるか走行実験をした時は、画面を見つめてしまいハンドル操作がおろそかになり、危険なので途中で切り上げたこともあった。

もちろん、高齢者も個人的、社会的理由から運転する必要に迫られることがあるが、高齢者にとって運転は気軽な作業ではない。実際、免許保有者1万人当たりの死亡事故発生件数は若者に次ぐ。歩行中や自転車での事故も同様だ。特に、高齢になると骨が脆くなるので衝突に弱く、重大事故になりやすい。

視機能の低下は誰もが「老い」を感じる最初の現象で、50歳前後から老眼の傾向が始まり、静止視力、動体視力ともに低下する。調節力が落ち、すぐに焦点を合わせにくくなるので標識や案内を読みとれなかったり、信号が分かりにくくなったりする。

最近の信号は矢印式で面積が小さく、赤信号と同時点灯というものが多く、視機能が低下すると判断に迷うことがある。夜間視力も加齢とともに低下するので、明るいところから暗いところへ移動して、暗さに馴れるまでの暗順応時間も伸びる。また、眼球が濁りはじめ、若い頃より眩しさを感じるようになる。加えて、単純反応も低下し、選択反応は10％以上遅くなる。この遅れがスムーズな運転を妨げてしまう。

肉体的にも関節が硬くなり、頸椎の動きが制限されるため、後方を直視できる範囲は若者よりも20度程度狭くなるという。すると接近車両の発見が遅れることがあるので、車線変更する時にはより注意しなくてはならない。

どうにも気の滅入ることだが仕方がない。一度にすべて出現するわけではないが、40歳を過ぎると、程度の差こそあれ、これらの幾つかが当てはまるようになる。

若者と変わらない動体視力を持つ高齢者や、60歳でも心身機能としては40代という高齢者もいるから単純な線引きはできない。しかし、自分自身のどの機能が低下しているかを知っておくことが重要だ。

加齢によるミスマッチ

事故統計から64歳以下とそれ以上の高齢ドライバーの特徴を挙げると、以下のような傾向がうかがえる。

・追突より出合い頭の事故が増える。交差点での右折事故が増える。
・前方不注意（内在的原因による）が増え、操作不適がやや増える。
・75歳以上で「ぼんやり運転」が増える。
・ブレーキとアクセルの踏み間違いが増える。75歳以上では操作不適の30％以上を占め、ハンドルの切り不足も64歳以下の約2倍となる。
・死亡事故の割合が、75歳以上は64歳以下の2倍以上の構成率となっている。

統計上全体から見れば件数が大きくないのは、おそらく心身機能の低下を自覚し、スピードを出さない、連続運転しないなどの補償行動を取るためだろう。しかし、今後ドライバー全体が高齢化していくと、件数にも表れるにちがいない。

自動車事故総合分析センターのデータから、65歳以上の運転者が第一当事者という事例（39件）を分析したところ、ペダルやハンドル操作の誤りのほか、初めて運転する車での操作感覚の誤り、曇ったウィンドウにデフロスタを使用せず（使用したことがなかった）視界不良で運転した、などが原因となっていた。

認知心理学者のラスムッセンはエラーをスキルベース（自動化された行為）、ルールベース（個人の中でルール化された行為）、知識ベース（より高次な思考を伴う行為）、の三つに分類している(4)。運転操作のほとんどはスキルベースだが、老人にブレーキとアクセルの踏み間違いが多いのは、動作の円滑さの欠如、記憶力や判断力の低下がスキルベースの行動にも影響していると思われる。

ルールの認識不足は、身勝手なルール解釈が習慣的行動になっているためだろう。本来、ルールベースの行動はスキルベースの行動に移っていくが、長年の誤った行動が定式化すると変更できなくなる。新しい信号システムに対応できず、赤信号で交差点に進入するなどもその一例である。

ミスマッチは加齢の影響が強く表れる事故形態で、判断と応答が遅れて他の運転者とタイミングが合わないために起こる。交差点の右折行動の観察研究によれば、高齢ドライバーは接近車両があるにもかかわらず右折を敢行し、対向車とぶつかるケースがしばしば観察されたという(5)。

ある会議で、高齢者が安心して走れる高速道路を作るべきではないか、という話題になった。しかし、それは少し違うのではないかと思った。

そもそも彼らは概して時間に余裕があり、有料道路で行かなくても困らない。法律を守り無茶な運転はしない。あえて夜間や悪天候時を選ぶことは少なく、長時間運転もしない。高齢者には高齢者なりの交通行動がある。

問題は高齢になっても免許を返上する人が少ないように、心身機能の低下を認めたがらなかったり、他の道路利用者と協調できなかったりすることだろう。危険認知能力、特に潜在的危険を発見する能力が下がる。身体機能や情報処理能力が低下すれば、事故の危険性が増加するのは必然なのだ。

二〇〇二年に高齢者講習が始まってから、運転を諦める高齢者がやや増加しているという。何回か受講するうち、自身の運転能力の限界を認めざるを得ないのだろう。主観的にはまだできると言い張っても、客観的なデータには勝てないようである。

高齢ドライバーの事故を減らすには本人の自覚が第一、第二は周囲の人がその運転行動を客観的に判断し、適切な助言をしてあげることだ。

プロゆえの落とし穴

ある時乗った個人タクシーの運転手はかなり高齢で、ハンドルにしがみつくような格好で、ずっとセカンドギアのまま周囲の流れにも我関せずの様子で運転していた。短い距離でも、後席にいて緊張しっぱなしだった。

タクシーやバス、トラックは経済活動を支える柱の一つで、私たちは直接間接にお世話になっている。職業ドライバーは一般ドライバーより安全意識が高いと思われているが、彼らは運転にある程度の興味も経験もあるので過信傾向になりやすい。また一般ドライバーより路上にいる時間も走行距離も長いため、事故に遭遇する確率は高まる。

当然ながら、時間通りに物を運んだり、客を安全に送り届けたりするのが彼らの一義的な使命だから、悪天候でも知らない道でも走ることになる。

以前どの分野の事故対策を優先すべきか、件数や傷害程度から分析したところ、最優先すべきはバス事故という結果が出た。もちろん、一件当たりの被害をもとに評価したものであり、発生件数からいえば乗用車やオートバイが優先であろう。日常生活での人員輸送手段としてバスはなくてはならないが、一度事故を起こすと多数の人が怪我をする。乗客の転倒や車内の構造物にぶつかるなどの人身事故は日常的に発生している。

バス運転手の大半はベテランであり、一般ドライバーに比べて運転の知識、態度とも優れていると考えられるが、近年は居眠りによる大事故がしばしば報じられる。年2回の健康診断とフライト前の健康管理が厳しく行われる航空パイロットのように、乗客の命を預かるバスドライバーも、普段の生活を含めた安全管理・指導を徹底する必要が出てきている。

また、大量の荷物を積んだ長距離大型トラックは、一度営業所を出ると数日間家に帰らず、1000キロ以上も走る。運転手はトラックの中で仮眠を取りながら、混雑する昼間を避けて夜間に走ることも多い。

しかし、前述のように仮眠はいわば分断された睡眠で眠りが浅い。長時間運転による疲労と相まって覚醒レベルの低下や居眠り運転を誘発してしまう。普通、工場は朝8時前後に操業を開始する。それに合わせて積荷を運ぶため、走る時間帯が早朝になることが多いのはコンビニへの食品搬入なども同様だ。

サーカディアンリズムから見て好ましくないが、仕事であれば運転せざるを得ない。ガムを噛んだり、窓を開けて新鮮な空気を取り入れたり、カーステレオをかけたりなど自己防衛しなくてはならない。

宅配便は2トン車が多く、荷台が保冷庫やコンテナ状になっているので後方が確認しづらい。狭い路地にも入っていくので、後退時に幼児などを見落とす危険がある。事故防止のため前進しかしないよう指導する会社もあるそうだが、都会では難しい。一旦降車して確認するなど、普段から習慣にしておくのが望ましい。

1万台当たりの死亡事故発生率で見ると事業用トラックが特に高く、事故類型では追突と死傷事故（対歩行者・自転車）が最も多い。二つの事故類型を対象に筆者が行った調査では、追突の原因は認知の誤りによるものが最多で、脇見がほとんどだった。

認知の誤りや遅れ、背景となる考えごとについては前にふれたが、認知の誤りの種類（脇見―不適切な注視）、環境（天候―視野妨害）、時間帯（夜間―昼間）、走行距離（長―短）、および間接要因（過労）などが両類型を弁別する代表的要因となる。

また、追突事故は違反歴の多いドライバーに多いのに対して、死傷事故は違反歴がないドライバーでも起こすことがあるので過信は禁物だ。

タクシーについても同じことが言えるが、運転には慣れていてもタクシー業務に不慣れなうちは事故を起こしやすいのが特徴である。

二〇〇二年の規制緩和以降タクシーが増えて乗りやすくなったが、それだけ新米ドライバーも増えている。あるタクシー会社の事故報告（1年3ヶ月間）を見ると、乗務歴が短いと事故件数が多く、その後次第に減少していく。

314件の有責事故（タクシーが第一当事者となった事故。物損を含む）の原因を見ると、全体の傾向としては一般ドライバーと変わらないようだが、やはりタクシー特有の事故形態がある。

例えば後退不注意は、狭い路地に入る機会が多いため。転回不注意は客を拾うためにUターンしたり、道を間違えて戻ったりすることが多いからだろう。ドア開閉不注意は乗客の乗降に際して後方確認を怠った場合に起こる。後方確認はもちろん、道路脇にぴったり寄せて、後続の二輪車や自転車がすり抜けられないように停車するなどの工夫が必要になってくる。

このタクシー会社のドライバーは476名で、調査期間中に事故を起こしたドライバーは296名とかなりの割合である。そのうち3件以上の事故を起こしたドライバーは53名でその総事故件数は186件。調査対象の11％のドライバーが全体の36％の事故を起こしており、その半数が乗務歴1年前後だった。

個々に見ていくと雨天や夜間に事故が集中するドライバーもおり、事故多発ドライバーの教育は、こうした特徴を捉えた上で行うことである。

顕在的ハザードと潜在的ハザード

東京が大雪に見舞われた朝、陸橋の多い環状七号線。普段われ先にと走るドライバーが、前の車が橋の頂上から見えなくなるまで陸橋の下で待機し、その後1台ずつゆっくり発進していく。昼には溶ける雪も、朝は凍りついて路面はつるつるだ。目の前にある危険を避けようと工夫しているのだ。

しかし、これが一見乾燥した路面に見えたとしたらどうだろう。あえて減速する慎重な人もいるかもしれないが、気にせず進むドライバーが多いのではないか。

人間というのは、現実に見える危険に対してはある程度対応できても、「あるかもしれない危険」を予測して対処するのは難しい。

危険を発見・予測すること（ハザード知覚）は、安全運転に不可欠な精神活動である。自転車や歩行者、先行車や流入車の動静に気を配るのは当然として、見通しの悪い交差点では交差車両を予測して進み、駐車車両があればその陰から人が飛び出してこないか、よく注意を払いながら進行する。

経験を積んだドライバーは交通状況によって、何か危険が潜んでいそうだと分かるようになる。ビデオで危険場面の評価をさせた研究によると、若者や初心者は目に見える顕在的ハザードを高く評価するが、潜在的ハザードは低く見積もる(6)。

一方、交差点の死角にいる車や人などの知覚は、経験に応じて評価水準が上がる。つまり、経験によって潜在的リスクを高く評価するようになる。裏を返せば、少し運転に慣れたぐらいの若者が最も危険を冒しやすいということである。

カラースライドで運転場面を提示し、アメリカ、スペイン、旧西ドイツ、ブラジルのドライバーのリスク知覚を比較した実験がある(7)。結果としてリスク知覚が最も高かったのはスペイン人で、アメリカ人が最も低かった。同じ場面でも、国によって感じる危険感は異なるということだ。

また多くの研究と同様、中・高齢者より若者の方がリスク知覚が低いと報告しており、若いドライバーのリスク知覚の低さが事故の一要因という仮説を裏付ける。

いずれにせよ、正しい危険予測が行われた場合は素早く的確な応答ができても、そうでない場合には慌ててしまって何もできなかったり、間違った操作をしたりする可能性が高く、その後の行動に格段の差が生じる。

リスク敢行性

高速道路でやたらに車線変更する。早くしろとばかりに車間距離を詰める。黄色信号を無理に通過する。どれも、ちょっとミスすれば大事に至ると分かっていながら敢えてそうした危険な運転をしている。用事があって急いでいるのでなく、普段からそういう運転が習慣化しているのである。

危険な行動を敢えてすることをリスクテイキング（危険敢行性）と呼ぶが、この危険性に対する感じ方は人によって異なり、主観的にかなり危険と感じてもその行動をとる人もいれば、わずかでも危険と感じたらそうしない人もいる。

例えば、熟練者と初心者に直進コースから半円周コースに一定速度で進入させる実験で、ゆったり（操縦に十分余裕のある速度）と普通（通常速度）では車両の求心加速度に差が見られなかったが、ぎりぎり（安全を保てる範囲内での限界の速度）での速度感覚になると大きな個人差を示した(8)。

熟練者の0・5G〜0・6Gに対して、初心者は0・35G〜0・45G。熟練者は車の走行限界と自身の技量をよく分かっているためより高速で旋回できるが、初心者は逆である。つまり、一般道でカーブをどのくらいの速度で曲がれるかという判断は、人によってフィーリングがかなり異なる。

また追い越しの実験では、安全に追い越せる余裕があっても昼間で25％、夜間では42％のドライバーが追い越しをしなかったという(9)。実験なのだから、安全なら必ず追い越すかといえば、そうでもないところが興味深い。夜間は周辺環境の認知能力が低下するため、より慎重な運転をしたのだろう。

リスクをとる人は、とらない人の倍の事故発生率があるという。リスクテイキングの程度は事故反復者ほど強く、年齢や家計に対する役割などによっても違う。

リスク・ホメオスタシス

前方に自転車がいたら速度を落として側方の余裕を確保し、挙動不審な車があれば車間距離を長くとる。筆者らが行った実験でも、携帯電話の通話中は速度を落としたり、車間距離をあけたりする傾向が見られた。ドライバーはリスクを補償する行動をとるわけだが、逆に、急いでいると速度を上げるなどリスクの高い行動をする。

心理学者のワイルドはそうした運転行動から「リスク・ホメオスタシス説」を提唱し

た(10)。道路ユーザーは知覚するリスク水準が「目標とするリスク水準」と異なると、その相違を取り除こうとする。この調節行動は客観的な事故リスクを伴い、全道路ユーザーによる調節行動の総和が、交通事故の頻度と重大性（事故率）を生み出す。

つまり、事故率を究極的にコントロールする唯一の変数は「目標とするリスク水準」ということになる。ドライバー教育や免許制度、人間工学にもとづいた道路環境、車の装置改善などは一時的にドライバー行動に影響するものの、リスク水準が目標に合うように行動を調節してしまうから、長期的には事故率は変化しない。

この理論には賛否両論あるが、納得できる部分もあり、ワイルドはリスクの目標水準を下げるために、①危険な行動がもたらす利益を低減させる、②用心深い行動がもたらす損失を低減させる、③用心深い行動がもたらす利益を増大させる、④危険な行動がもたらす損失を増大させる、ことを提案している。

具体的には、タクシーの時間制料金、公共交通機関への特典（バス専用レーンなど）、無事故運転者へのインセンティブ、不安全運転行動に対する罰則強化、高速で走ると不快な車の導入——などを挙げる。しかし、日本でもタクシー料金の時間制や無事故運転者の免許更新期間延長などが事故を減らすという明確な証拠は示されていない。

運転に際して、自分がどのぐらいハザードを知覚できているのか、どの程度リスクをとるのかを知ることは現実にはなかなか難しい。それでも、その能力を測る危険感受性テストを受けると一定期間、事故率が低下することが確かめられている。これは初心者より、ある程度経験を積んだドライバーに受検をお勧めする。

また筆者らは、ハザードをいかに速く発見できるか、タブレット端末（iPad）で訓練できるソフトを開発して無償で提供している（「ハザードタッチ」で検索）。興味ある方はぜひ利用して頂きたい。

4　変わり続ける運転環境への対処法

日本の道路は走りにくい

四方を山海に囲まれた日本は風光明媚ではあるが、海岸そばからすぐに山道になる。アップダウンとカーブが多く道路環境の変化が大きい。前述のようにドライバーはゆるやかな勾配に気づかず、下り坂の下の方で速度を出し過ぎる危険がある。

他方、水平な直線の連続は視覚刺激が単調で居眠り運転が誘発される。クロソイド曲線のような道路線形でも解決できない場合は、並木やデリニエータ（視線誘導物）を設置するよう推奨されている。

日本の道路はトンネルが多く、昼間、照明の足りないトンネル入口付近では内部が黒い穴か黒い枠のように見える（ブラックホール効果、ダークフレーム効果という）。人間の目の順応水準に比べてトンネル内の照明水準が低いために起こる現象で、路面が見えずドライバーに不安感を与える。

入口付近に高輝度の照明を設置すればブラックホール効果はなくなるが、一般道では照明が不備なところが少なくない。目の暗順応には時間がかかり、一瞬前が見えなくなることがあるので減速はもちろん、トンネルに入る少し前にサングラスをかけ、進入と同時に外すようにすると効果がある。

夜間、路上の人物や障害物の見え方は道路照明の方法によって異なる。路上の視対象の輝度をLo、路面輝度をLrとすると、$Lo<Lr$ではシルエットで見え、$Lo \fallingdotseq Lr$なら路面に融合して見え、$Lo>Lr$の場合は逆シルエット、すなわちそのままの姿が見える。そのままの姿が見えればよいが、実際にはシルエットでしか見えないことが多い。良い道路照明とは路面輝度が高く、眩しくなく、誘導性を持つことである。そうした道路はドライバーが安心できるため、夜間でも走りやすい。

夜間事故の低減に道路照明が有効(1)なことは世界各国の調査結果からも明らかで、道路照明の設置によって夜間事故は半減するといわれているが、高速道路でもサービスエリア（以下、ＳＡ）の付近を除いてほとんど照明がないし、市街地でも繁華街を除けば充分な明るさはない。夜間はとにかく慎重な運転を心がけるしかない。

晴れた日、雨の日

曇りの日は遠くが霞んで何となく距離感がつかみにくいが、晴れた日は景色も道路状況もはっきり見えるので運転しやすい。しかし、安心ばかりもできない。

信号の向こうに太陽があると目がくらんで、信号が見えないことがある。判別がつかないのに交差点を進行してしまうドライバーがいて事故の原因になる。逆に太陽を背にした場合も、太陽光が反射して信号を判別しにくくする。

ＬＥＤ方式は輝度が高く見やすいが、色覚が正常でないと問題があるともいう。いずれにせよ、直射日光の影響を頭に置いておかねばならない。

また木立の間は快適そうに感じるが、晴れた日は光と影のちらつきがわずらわしく、道路上の歩行者などを発見しにくくなる。明るい時は暗い場所が必ずあり、よく晴れた日ほど、その差が普段よりも大きくなるので注意が要る。

私の友人はバイクで走行中、景色に見とれていたら歩道を走っていて慌てふためいたそうだ。日本の四季は美しいが、それだけ季節によって天候も変わりやすい。

ドライバーは雨天でも、ブレーキのタイミングや強さを乾燥路面と同様に行う傾向がある。雨の降り始めは路面の泥やほこり、油などの影響で摩擦係数が急激に下がる。乾燥したアスファルト路面を時速60キロで走行した場合と比べて停止距離は29・1mから45・6mと1・5倍にもなる。濡れた路面では普段より速度を落とす、車間距離を長めにとるのが鉄則である。

工事などで路面に鉄板が使われていれば、いっそう気をつけなくてはならない。乾燥したアスファルト路面の摩擦係数は0・8程度だが、雨の降り始めは泥やほこり、油などの影響で摩擦係数は0・4程度と急激に低下、濡れた鉄板上（時速60キロ）の摩擦係数は0・19〜0・24前後にまで下がる。電車のレールや工事中の鉄板でハンドルを取られる経験をしたドライバーは多いはずである。

高速道路で起こりやすいハイドロプレーニング現象は、ハンドルが全くいうことをきかなくなる。まさしく水上スキー状態で、アクセルを離し、タイヤが路面をグリップするまで待たねばならない。下手にハンドルを切るとグリップした途端、とんでもない方向へ走っていってしまうからだ。

とにかく路面をよく見て、その状況に対して適正な速度を選択することである。

雨天時に不可欠なワイパーはウィンドウの雨滴を拭きとるが、均一に綺麗に拭きとるのは結構難しい。新品のうちはいいが、少し古くなるとどうしても拭き残しが出る。ウィンドウ表面に油などがあるとガタツキやビビリの原因になり、夜間は対向車のライトが乱反射して非常に見にくい。こまめにウィンドウの清掃を心がけることだ。

雨天時に歩行者事故が多いのは傘を差して前が見にくく、水たまりなど足元にも気をつけなければならず、前方不注意になるからだ。運転者はその点に留意してほしい。

最近は、ゲリラ豪雨が各地で発生するようになった。あっという間に道路が冠水し、どこが道路かも分からなくなる。側溝にでもタイヤが入ってしまえば、身動きが取れなくなる。特に、ガード下などは水深が深くなっているので、注意が必要である。車は5分ほどは浮いていられるが、その後水没してしまい、脱出するのは困難になる。

パワーウィンドウは1~2分は作動するものの、やがて動かなくなるので、早めに窓を開けることが肝心である。車の窓は車内からは簡単には割れない。閉じこめられた場合に備え、女性でも一撃で窓を割ることのできる特殊なハンマーを備えておくことも対策の一つになる。

また、スマートフォンなどでも細かいエリアの降雨状況を知ることが可能になっているので、出かける前には予報のチェックをお奨めする。

雪の日、風の日、橋の上

雪の少ない地域がたまの大雪に見舞われると、多くの車が道路脇で立ち往生する。雪で前が見にくいだけでなく、ワイパーが凍りついたり、窓が曇ったりもする。雪に馴れたドライバーにとっては何でもない場所でスリップして、周りに迷惑をかけてしまう。備えあれば憂いなしで、天気予報や道路状況を調べて準備をしておくことだ。

しかし、以下のような事例もある。

――医師Aさんは雪の積もった狭い道を往診のため時速20キロで走行していた。19 0m前方に対向車を認めたが、急いでいたのでそのまま進行。対向車が23mまで接近した時、このままではすれ違えないと思い、ブレーキをかけたところスリップして対向車と正面衝突した。

運転歴7年のAさんは雪道の知識や経験も十分あり、冬用タイヤで時速20キロは危険とは言えない。しかし、Aさんは往診患者のことに気が奪われ、再び対向車に注意を向けた時にはかなり接近していて、危険だと判断した。ところが判断は誤りで、速度も遅かったので急ブレーキをかけてしまった。判断に時間的余裕がなかったために、積雪路面であることを忘れて習慣的行動をとったのだろう。

降雪時には追突事故も起きやすい。以前調査した事故に、吹雪で走行不能になった車に後続トラックが追突した事例があった。雪に覆われた車は尾灯も見えない状態で、後続車は直前さえあまり見えず、雪の吹きだまりに乗り上げたと思ったそうだ。ぶつかったトラック側の運転手は停車をためらい、状況判断を誤ったわけである。

凍結した道路は摩擦係数が極端に小さく、0・2以下になることがある。とりわけ橋の上や夜間はベテランドライバーでも部分的な凍結を見過ごしやすく、スリップ事故を起こすことがある。

強風時、トラックが橋の上で横転している映像はテレビでも時々報じられる。横転しないまでもメートル単位で横に振られることがあるから、注意報や警報が出ていたら無理せず減速することである。

雪の日に限らず、橋の上は遮るものがないので風がより強くなり、貨物車や幌付の車のような、車長に対して車高が高い車は転覆の危険がある。高速のトンネル出口、切り通しでは突風に見舞われることがあり、海上の橋梁では、少し風が吹いただけで1m近く車が横滑りする。熟練者は横風を受けても慌てず立て直せるが、初心者は慌ててハンドルを切り過ぎるため左右に蛇行し、どうにもならなくなることがある。

台風の日にあえて運転するドライバーは少ないだろうが、自然の力の前には車の重さなど無力、そうした事態に自らを置かないよう心がけることである。

周辺視パフォーマンスの低下

混雑した幹線道路では、ドライバーは非常に精神負荷の高い状態に置かれる。その流れが速い場合はなおさらである。

車両停止状態、低混雑道路条件、中程度の混雑道路条件、高混雑道路条件、高速道路走行条件下といった種々の走行環境で、ドライバーがどれくらいの広さ（有効視野）を同時に確認できるか調査した例がある(2)。

その結果、要件の増大に伴って検出・確認視野が狭くなり、反応時間が遅れ、周辺視パフォーマンスが低下することが分かった。また、周辺視パフォーマンスは速度より走行環境（混雑度など）に影響を受ける。さらに疲労による覚醒水準によっても、検出・確認視野が狭くなると結論づけている。

つまり、混雑した道路では、合流してくる車や他の道路利用者の発見が遅れがちで、疲れていたり寝不足だったりすればさらに助長される。

住宅街や商店街などでは飛び出しに注意し、いつでもブレーキを踏める態勢で運転することだ。多くのドライバーはそれなりに気をつけているが、大きな通りを走行していると、小さな道路からの流入車や歩行者は見落とされやすい。優先意識が強く他の道路利用者への配慮が足りないと、つい安全を後回しにしてしまうのだ。

高速道路での致命的エラー

高速道路の事故現場ではパトカーが並び、事故車両のある車線はパイロンで区切られる。それでも、ほとんどの車が速度を落とさず猛然と走っていく。初めて現場調査に出た時は騒音と振動に圧倒され、落ち着いて調査などできたものではなかった。少しは状況を見て減速したらどうだ、と叫びたくなったものである。

高速道路には荷物やタイヤから、布団、さらにはお骨やショベルカーまで実に様々な落とし物がある。それらを回収する人は車の間隙を縫って落下物を拾い、路肩に止めた作業車に戻ってくる。その間、本線の車はまるで減速してくれないのだから、まさしく命がけである。最近は落下物回収車が開発され、だいぶ作業の安全が保たれるようになったようだが、時速100キロで走る車を避けるのは簡単ではない。

時間短縮、経済効果という面で高速道路の有用性は明らかである。加えて、事故件数は一般道路よりもかなり低く、億台キロ当たり死亡事故率（何台かの車が合計1億キロm走行する際に出る死亡者の数で示す）も一般道路の3分の1、負傷事故率は8分の1だ。しかし、致死率（死者数／死傷者数）は高速道路が倍以上。つまり、高速道路では事故は起こりにくいが、起これば重大な結果になるということである。

高速道路は一方通行だから本線上を流れる車の速度は速いが、車同士の相対速度は低い。全車両が同じぐらいの速度を保っていれば、非常に安全ともいえる。

しかし、先行車を追い越す際は加速によって速度差が大きくなる。先行車に接近してから車線変更しようとするドライバーが多いので、一時的に車間距離がぐっと詰まる。もし先行車がブレーキを踏めば追突の危険がある。また渋滞に気づかずブレーキが遅れれば何台、何十台もの玉突き事故になることもある。

ハンドルを切り過ぎると、かなり速度が出ているので車体はスピンや横転をする。雨天時でも速度を落とさないドライバーが多いが、轍に溜まった水でハイドロプレーニング現象が起きてからでは対処が難しいので、特に気をつけなければいけない。

筆者は、首都高は首都「高速」道路ではなく、首都「高架」道路と思って運転している。首都高のように都市部の自動車専用道で制限速度が低い道路は、視距（ドライバーが見通すことができる距離）が道路設計に応じて設定されているので、速度超過ではカーブ地点の視距が不足し、すぐ先の渋滞が見えない。高速道路は速くて便利で一般道に比べて事故件数も少ないが、その特性を知らないと大事故を招く。

高速道路で最も多いのは追突事故、単独事故が二番目だが、死亡率は単独事故が最も高い。以下、事故事例からエラーを検討してみよう。

事例①「長い時間前を見ない」「不用意な減速」

Aさんは大型トラックで走行車線を90キロで走行していた。ほぼ直線区間で前方に遅い大型トラック（Bさん）がいたので、追い越し車線に車線を変更。すると突然、左前輪が大きな音とともにバースト。Aさんは早く車を路肩に止めなければと思い、左側ミラーで後方を確認し、接近車両がないことを確かめてハンドルを左に切った。

一方、走行車線を80キロで走っていたBさんはバースト音を自車の右後輪と思い、すぐにブレーキをかけて60キロに減速。車線変更できると思ったAさんが前を見ると、減速したB車の荷台が見え、急ブレーキも間に合わず車体左前方がB車に衝突した。

事故後、AさんはなぜBさんがブレーキをかけたのかと不満を漏らした。しかし、Aさんは車のコントロールと左後方の交通状況に注意が集中し、バーストから衝突まで8秒近くも前方の情報をとっていない。緊急事態でいち早く路肩に停止するための行動をとってはいるが、高速道路でそれだけ「長い時間前を見ない」と事故の可能性は高くなる。

他方、Bさんは運転経験20年以上のベテランだが、バースト音に驚いて全く状況確認をせずにブレーキをかけている。高速道路での「不用意な減速」は問題がある。

事例②　急な車線変更

Cさんは小型貨物を運転し、追い越し車線を70キロで走行していた。その直前にD車が割り込み、驚いたCさんは左に車線変更したが、走行車線には渋滞中の車がおり、追突。

Cさんは走行車線も追い越し車線と同様に流れが良いだろうと考え、車線変更したという。一般道でも高速道路でもやたらと車線変更するドライバーがいるが、この事例のように「急な車線変更」は非常に危険である。

事例③ 見づらいものを見落とす

雨の夜、Eさんは IC付近を80キロで走行していた。前方にF車が見えたが、そのまま進行。しかし、走行しているように見えたF車は路肩寄りに停止しており、その右側にG車がいるのを150m手前で確認した。100m手前でブレーキを踏みハンドルを右に切ったがG車と接触、その先に停止していたH車にも接触し、さらにI車後部に追突した。衝突した車両はいずれも他の事故のために停まっていた。

一般道路と比べて、高速道路は進行方向に出現する視対象が少ない。それだけに、「見づらいものは見落としやすい」。雨が降る夜間で視界が悪く、Eさんは先行車の1台を走っているものと勘違いし、もう1台はその存在にすら気づかなかった。

追い越し車線に空間があったために大事故は免れたが、もしF車とG車が走行車線に停止していたら大惨事になっていたにちがいない。

高速道路では、当人には気の毒だが少々おかしな事故もある。料金所で右か左か迷っているうち、ブースに激突するのが一例だ。

以前SAで休憩中、故障したトラックから漏れ出したオイルが走行車線に広がっているのが見え、数百m手前で発煙筒が焚かれていたが、減速する車はほとんどいなかった。やがて1台の乗用車が100キロ近いスピードで突っ込み、オイル上で滑ってスピンしながら追い越し車線のガードレールにぶつかりロールオーバー、開いたドアから一人の男性が転がり出てきた。車はなおも回転しながら最後は路肩に停止。男性は路肩の横の芝生で起き上がれずにいた。

再び道路に目をやると、今度は高速バスがホーンを鳴らしながら走ってきた。オイルの辺りで少し車体が左右に振れたがどうにか切り抜けた。ほんの数分間の出来事だったが、手に汗握る光景だった。

シートベルトが法制化される前、有名スケート選手が高速道路での事故で車外に放出されたものの、偶然芝生に落下して無事ということがあったが、現在でも車外へ放出される事故は多い。シートベルトをしていれば防げるが、事故ドライバーのベルト着用率は低い。やはりシートベルトは命綱なのである。

安全走行は2時間が限度

車で通勤していた頃、夜遅く高速道路を使って帰宅すると数時間は興奮状態が続いて寝付けず、風呂やお酒でリラックスしなければならなかった。

夜間のすいた道でも、高速での連続運転はかなりのワークロードだ。混んでいれば、割り込みや急ブレーキにも気をつかう。高速道路は走りやすくても、速度に応じて緊張の度合いは高くなる。

高速道路で連続して安全に運転できるのは2時間前後といわれる。運転中は合流や分流の際の速度変化、車間距離に気をつかう。長時間ドライブでは計画的に休憩をとらなければならないのはそのためだ。

刺激がないと眠くなるし、道路線形から受ける錯覚にも気を配らないと速度が出すぎる。速度計のチェック回数を増やす、車間距離判断の自主的なトレーニングをする、眠くなる前にガムを噛むなど自己防衛策を用意しておく必要がある。

また、高速道路の標識はかなり手前から設置されているので、不慣れな土地では見落として慌てることがある。行楽シーズンは「この先出口混雑」という案内を確認しておかないと出口付近の本線上で渋滞に巻き込まれ、強引な車線変更を余儀なくされる。交通が乱れる一因になるので、早めに追い越し車線に移っておくことだ。

付け加えると都市部の高速道路では、標識も制限速度に応じて大きさが決められているため速度超過だと見落とすことがある。

高速で走行することは非常に神経を使う作業なのである。高速道路は今後も伸び続けるだろうから、ドライバーの正確な判断力がますます求められている。

夜間の蒸発現象

夜間、対向車のヘッドライトで前方の視対象が見えなくなることを「蒸発現象」と呼ぶ。以前、テレビ局のリクエストでこの現象のデモをした。

筆者が運転してカメラマンが同乗、時速30キロ程度でゆっくり進み、歩行者が「消える」様子を観察して撮影は無事終了。Uターンしようとハンドルを左に切りかけた瞬間、左側から突然別のカメラマンが現れた。事なきを得たが肝を冷やした。彼は、自分がドライバーから見えていないとは思わなかったという。

夜間の交通事故発生率は全事故の約30%だが、死亡事故件数は約55%、死亡事故率で見ると昼間の約3倍にのぼる。

夜間は他の通行者が少なくスムーズに走行できるが、もともと人間の感覚や知覚は夜間に活動するには機能不足なのである。運転に最も大切な視力は昼間の約半分になり、闇夜に馴れた忍者でもなければ暗いところはよく見えない。夜間の事故率が高いのは、照度不足による視力低下が一つの要因と考えられている。

急に真っ暗な部屋に入るとしばらくは何も見えないが、少しずつ周囲が見えてくる。明るさに応じて目が感度を変える働きを順応といい、カメラのように絞りやフィルム感度を変えなくても自動的に働いてくれる。優れた生理機能だが、暗順応は時間がかかるのが欠点でしばしば運転を妨げる。

夜間の運転は道路上のものが視認しにくいが、渋滞もなく走りやすいので、広い道路では普段以上の速度を出すことが多い。しかし、視覚機能が低下した状態でスピードを出せば危険は増す。特に視機能が低下している高齢者は注意が必要だ。

黒い服は白い服の倍危ない

夜間の歩行者事故の多くは、「暗いところから突然、車の前に飛び出してくる」のが原因だ。昼間は歩行者の動静を事前に察知できても、夜間はヘッドライトの視認範囲に入らないかぎりドライバーは認知しにくい。歩行者は突然飛び出したつもりはなくても、ドライバー側はそう感じるのだ。

すれ違いビームで左側の路肩に人を立たせた実験では、何かあると気づいた地点、人だと気づいた地点、動作の方向を確認した地点、いずれも黒い服の場合は白い服の半分程度の距離だった。

10m手前で黒い服の人が横断し始めたと認知しても、30キロ以上の速度であれば乾燥路面でも問に合わない。何かいる、そう気づいた場所からブレーキペダルに足を乗せ、注意深く、すぐにも停止できる態勢をとっておくことだ。

ここで述べた以外にも、夜間の運転は人間の機能面からみて色々な問題を抱えている。道路設備や自動車の装備よりも、夜間における人間の機能特性をよく理解して運転することである。

視覚低下グレアとライトの相関

夜間走行の頼みの綱であるヘッドライトは、走行ビーム（上向き）とすれ違いビーム（下向き）がある。遠くまで光が届く走行ビームは前方や対向する車がいない時に使われ、すれ違いビームは対向車や先行車の運転者に眩しさを与えないように用いられる。
すれ違いビームには米国型とヨーロッパ型があり、米国型が少しぼんやりしていて道路の先が段々と見えてくるのに対し、ヨーロッパ型はシャープに光がカットされている。米国型は視覚の連続性、ヨーロッパ型は眩しさの低減を重視しているといえるが、どちらがいいのか、長年にわたって両者の言い分は平行線である。

日本型は二つのタイプを兼ね備え、ややヨーロッパ型に近いようだ。最近はより白色光に近いライトもあるが、いずれにせよ前方40m付近までしか視認範囲がないので、その先が見えないことに変わりはない。

すれ違いビームで走行していても、カーブ走行時やライトのエイミング（照準）がずれた車や走行ビームの車とのすれ違いの際、一瞬、前が見えなくなることがある。「視覚低下グレア」と呼ばれる現象で、①周囲が暗く、目の順応輝度が低い、②光源の輝度が高い、③光源が視線に近い、④光源の見かけの大きさが大きい——ほど、また数が多いほどまぶしくなるとされる。

まぶしさからの視覚機能の回復時間は周囲の状況にもよるが、普通3〜10秒程度だ。対向車のヘッドライトはドライバーの中心視野から少しずれるので、回復時間は2〜3

秒程度。対策としては対向車のライトからなるべく目をそらすことだが、まぶしさからの回復時間は加齢とともに遅くなるので注意しなくてはならない。

前述の蒸発現象では、道路上の歩行者が数十mにもわたって確認できなくなる。しかし、歩行者は思わぬ行動に出ることがある。まったく知覚されていないのに、両方のヘッドライトに照らされているのだから見えているはず、と考えるからだ。

一般車のヘッドライトを調査したことがあるが、正しくエイミングされた車両は半数程度だった。左右にずれていれば視界が偏り、上向きならば対向車にまぶしさを与え、下向き過ぎれば障害物や歩行者の発見が遅れてしまう。

エイミングは、乗員や荷物など車両姿勢の変化に伴いずれてくる。無頓着な人が多いが、エイミング装置がついているなら積極的に調整してほしい。

ルーマーの研究(3)によれば、湿った道路を100マイル(約160キロ)走ると、ヘッドライトは汚れで30～45％の光が吸収され、視認性が10％落ちる。同様に、雪道では20％も視認性が低下するという。きれいにしておくことも夜間走行の心得である。

夜間照明のない道路で、ドライバーは主に前方の車の尾灯を見ながら走行している。昼間は周辺の景色が見えるので前方の車が移動中か停止中か確認できるが、夜間、尾灯の変化だけから距離の変化を見出すのは非常に難しい。一般に、道路上でドライバーは前方の車は移動中だと思いがちなことも追突の要因になっている。

後方照明は尾灯とブレーキランプが赤、方向指示器はアンバー（琥珀色）の点滅である。光度差はあっても少し目を離すと尾灯かブレーキランプか、判別がつかないことがある。後方のドライバーの目の高さにあるハイマウンテッド・ストップランプ装着車が増えたが、追突事故が減少しないところを見ると効果が薄いのかもしれない。

特に夜間の駐車車両は後方照明か非常信号灯、あるいは後部反射板でもつけていなければ暗闇に溶け込んでしまうので気をつけなくてはならない。

5　危険な場所での心理特性

ジレンマゾーンと「急ぎの心理」

最近、大きな交差点の信号のほとんどは矢印式になっている。昔、矢印信号に慣れないドライバーが交差点手前で急ブレーキをかけ、後続車が追突する事故について調べたことがあるが、追突したドライバーの方が怒っていたのを思い出す。

交差点は車や自転車、歩行者が錯綜する場所であり、事故の半数以上が交差点とその付近で発生している。免許取り立ての頃は緊張して通過した大規模交差点での右折も、経験を積むにしたがい、少々無理でも通過しようとするようになる。

信号が青から黄色に変わると、止まろうか、そのまま進もうか一瞬迷う。時折、横断歩道上や交差点内で停止する車もあれば、黄色信号を見て加速して通過する車もいる。交差点の手前、判断に迷う間に走行する範囲を「ジレンマゾーン」と呼ぶ。黄信号や全赤（両方向が赤になるクリアランスタイム）の時間、交通の流れ、道路の規模にも影響されるが、普段の運転行動が最も反映される場所だ。

筆者らは事故事例をバリエーションツリー法により分析している（1、次頁の図を参照）。ドライバーの行動変化や環境の状態を時系列で記述していく手法で、色々な分野のヒューマンエラー防止に用いられる。以下は、ある交差点事故を分析したもの。

——Aさんは片側二車線の道路を走行中、約150m先の対面する青信号を確認後、いつものタイミングであれば通過できると判断し、加速しながら直進したところ、右方より直進してきたBさんと衝突した。

Aさんは友人との待ち合わせのために急いでおり、交差点進入前に信号の再確認を行なわなかった。一方、Bさんは交差点手前で赤信号を確認したが、交差側の信号が「黄」になり、横断歩道を過ぎた地点で対面信号「青」を確認し、加速して進行した。

Aさんが青信号を確認してから交差点に進入するまで6秒ほどかかる。確認直後に黄（3秒）、その後全赤（2秒）になったとすると、交差点進入時はすでに赤信号となっている。信号を再確認し、黄信号で停止行動をとれば十分止まれる距離である。

また、Bさんは交差道路の信号変化のタイミングを計りながら交差点に進入している。赤信号で交差点に入り、進行しながら横断歩道を過ぎた地点で青信号への変化を確認し

信号交差点での出合頭重傷事故

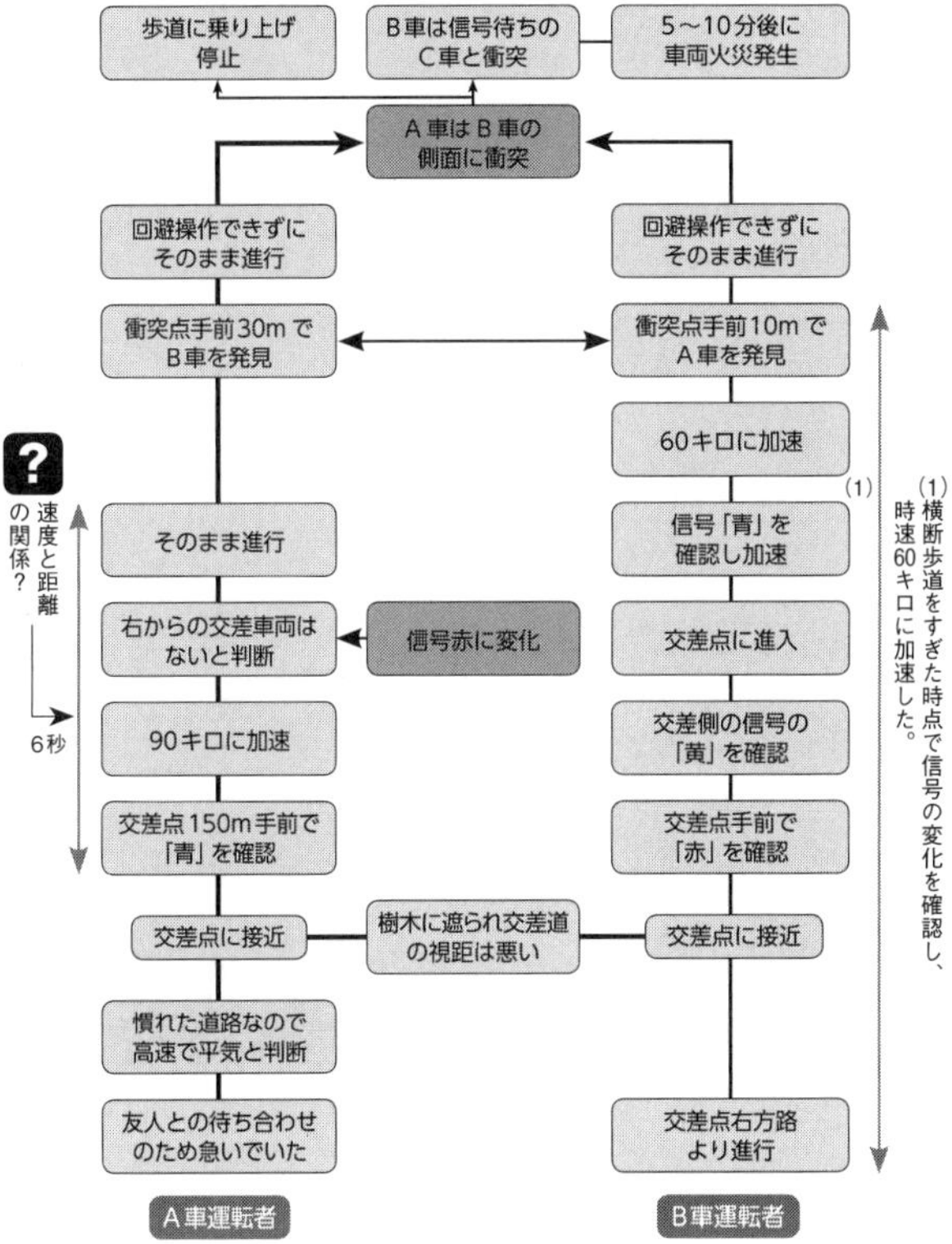
歩道に乗り上げ停止
B車は信号待ちのC車と衝突
5～10分後に車両火災発生
A車はB車の側面に衝突
回避操作できずにそのまま進行
衝突点手前30mでB車を発見
そのまま進行
右からの交差車両はないと判断
90キロに加速
交差点150m手前で「青」を確認
交差点に接近
慣れた道路なので高速で平気と判断
友人との待ち合わせのため急いでいた
A車運転者
信号赤に変化
樹木に遮られ交差道の視距は悪い
回避操作できずにそのまま進行
衝突点手前10mでA車を発見
60キロに加速
信号「青」を確認し加速
交差点に進入
交差側の信号の「黄」を確認
交差点手前で「赤」を確認
交差点に接近
交差点右方路より進行
B車運転者
?
速度と距離の関係？
6秒
(1)
(1) 横断歩道をすぎた時点で信号の変化を確認し、時速60キロに加速した。

前提条件：深夜で流れが速い／左右の見通しは悪い

年齢：○歳
性別：○
経験：○年
経験：普通貨物

信号あり
車線：片側2車線 右折レーンあり
速度規制：60／50
形状：変形交差点
発生時刻：24:00
その他：道路照明あり

年齢：○歳
性別：○
経験：○年
経験：普通乗用

て加速している。対向車線のCさんがまだ発進していない事実から、青信号への変化直後に衝突したと思われる。

信号の変化時に加速して交差点を通過しようとしたAさんの判断の誤りと、信号変化を見越して交差点を通過しようとしたBさんの判断の誤りが事故の原因として指摘される。

信号の変わり目での判断は確かに難しい。黄信号は停まらないほうが追突を避けられるという意見もある。しかし、それも黄色のうちに交差点を通過できる場合だけだ。Aさんのように、交差点の手前で全赤になる状況では停止すべきである。

一方、Bさんは交差道路の信号変化を見て（タイミングを計って）交差点に進入しているが、これも信号無視である。信号待ちでは交差道路の信号機を見て、スムーズな発進を心掛けるように教習所で教わることがある。交通の流れを考えればその通りだが、Bさんのような見切り発車もこういう事故につながる。

ドライバーは前方の信号や交差道路側の信号機だけでなく、歩行者用信号の変化も見て、点滅状態なら通過できる、などの判断をしている。加速して交差点を通過しようとする運転は、状況変化への対応を難しくするだけでなく事故の加害度を増大させる。

日本人は急ぎすぎ

車に乗ると誰でも、早く先に、もっと速く、という気持ちになることがある。この「急ぎの心理」は出発が遅れたり、渋滞に巻き込まれたりして時間に余裕がない時に起きやすい。いつもは必ず停止する交差点を確認せずに通過する、他の車は来ないだろうと甘い予測をするなど、正しい情報が得られないので誤った判断をしやすくなる。

時間に余裕があるのに追い立てられるように先を急ぎ、車間距離を詰めたり、黄色信号を強引に通過したりするドライバーもいる。自分では気がつかないが、そうした危険な運転が日常的な運転行動として習慣化してしまっているのである。

もともと日本人は諸外国人に比べて、「急ぎの心理」が強いという。青信号になる前に発車するのを陸上競技や水泳になぞらえてフライングと名付け、東京、大阪、ヨーロッパ三都市（ロンドン、シュツットガルト、マンハイム）で観察した結果、東京1・84秒、大阪4・92秒、ロンドン0・37秒、シュツットガルト1・27秒、マンハイム0・10秒だった(2)。

ヨーロッパに比べて日本人は相当フライング気味で、大阪などは群を抜いている。中には赤信号のうちに少しずつ交差点に進入し、青信号に変わる前に左折を完了してしまったドライバーがいたとも報告されている。

アメリカではこうした交差点での予測運転（見切り発車）を防止するために、戦後、交差道路側からの信号機を見えないようにしたという。筆者らは、交差道路側の信号が見えないとドライバーの行動はどうなるのか、実際に調べてみた。

一方からは交差道路側の信号機が停止線から確認でき、他方からはできない交差点で1日4時間、2日間観察。一方は2096台、他方は1580台の通過車両があり、一方は約3分の1が見切り発車したのに対し、他方は10％以下。男女比では、男性の見切り発車率が高かった。右折レーンがないこの交差点では、右折の場合に見切り発車率が高くなった。信号の変わり目にいち早く右折を完了したいという「急ぎの心理」が働くのだろう。太陽光反射を防止する筒状のカバーで信号機を覆い、交差道路側から信号機を見えなくすれば、急ぎの心理によるエラーは減ると考えられる。

赤・青・黄の三色信号機は一九三一年に導入され、その後種々の信号が開発されてきたが、地域の事情によって制御方式や表示方式が異なる場合もあるから、その点も考慮しておかなければならない。

右左折時に矢印が出る信号交差点は、現在ほとんどの大規模交差点で使われている。しかし、最近は全方向を矢印で示すようになり、遠くから見て赤と思い、接近してみるといずれかの矢印だけが青という場合がある。矢印部分は信号部分より面積が小さく、透過率の悪い青色なので輝度と視認性が低い。雨天時には見誤る危険があるので、あらかじめ対応できるような速度で接近することが肝心である。

本来、時差式信号機はT字型交差点などで一方を止めることで、交通容量を増やす目的で採用された。しかし、最近は十字型交差点にも採用されるようになり、時差式が原因となる事故が発生しており、筆者も危ない思いをしたことがある。右直事故の原因となったり、赤のうちに歩行者が横断を開始してしまったりなど問題点がある上、「黄色の次は全赤」という道路利用者一般のメンタルモデルに合わない。

そもそも時差式の標識は文字とシンボルで（文字だけのこともある）示されているが、初めて通過するほとんどのドライバーは気に留めない。もっと認知しやすい方法はないものだろうか。

ギャップ・アクセスタンス

ある時、真っ赤なスポーツカーと大型トラックが並走していた。トラックは左折するべく、中央車線からスポーツカーが走る左車線に寄っていく。スポーツカーは必死に道路の左端へ避けようとするが、そのうちガリガリ音を立ててトラックとぶつかった。

左折時の巻き込み事故や右直事故は減少傾向にあるが、交差点が最も事故が多く発生する場所であることに変わりはない。

対象との距離や到着時間を予想し、発進するか否かを判断することを「ギャップ・アクセスタンス」という。歩行者が接近車との間隔を判断する、車が狭い道から広い道へ出ていく際に接近車との距離や時間を判断するのもそうだ。

右折時に直進してくるバイクと衝突する右直事故は、左前方のピラー（窓枠）が原因といわれたことがある。ピラーが人間の両眼の幅よりも細ければ死角にならないが、顔を正対していない右折時は両眼の幅が狭くなり、バイクが隠れてしまうという理屈だ。確かに遠方のバイクを見る際、車体をかなり右に回転しているとピラーが邪魔になり、バイクが見えないことがある。

しかし、ほとんどの事故事例はピラーによる死角の問題ではなく、ドライバーのギャップの見積もりエラーや、バイクの速度の過小評価、相手が減速するだろうという予測が主な原因だった。

二輪車の前面投影面積は四輪に比べて小さく、動静が確認しづらい。近年は昼間点灯が広がりバイクの被視認性が向上しているが、統計を見る限りはバイクの事故が大きく減少しているわけではない。

右折時・左折時に必須の情報処理

右折のために交差点の中で待機するのは熟練者なら何でもないが、初心者にとってはそうではない。対向車は減速せず接近してくるし、後続車は早く行けと言っているように見える。歩行者や自転車が横断歩道を渡っていく。

処理しなければならない情報が多くて緊張する上、対向車が途切れるのを見計らってタイミングよく右折しなくてはならない。ここだと思って発進しても、ともすれば対向車が近づいてきて急ブレーキをかけたり、対向する車やトラックの脇からバイクが加速しながら走り出てきたりもする。

上手く抜けられても、横断歩道上の歩行者を見逃したら人身事故だ。曲がった先に駐停車車両があれば追突の危険もある。矢印信号なら落ち着いて行動できても、そうでない交差点では細心の注意がいる。

毎年、右折事故は左折事故のほぼ2倍発生しており、死亡事故に限れば4倍である。信号の変わり目や対向車の距離を判断して素早く行動しなければならないため、わずかな見積もり判断の誤りや、発進タイミングの遅れが事故につながる。対向車は速度が出ていて大事故になりやすい。

狭い道路では直進側の車がパッシングで合図して先に行かせてくれることもあるが、対向車のドライバーの優先意識は考える以上に高いので、こちらが出れば減速してくれるなどと甘い期待はしない方がよい。信号が青に変わるタイミングで、小回りで先に右折しようとする車もいるが、同じように変わり目で進入してくる交差車両があるかもしれないから、必ず待って、余裕を持って右折しなくてはならない。

右折で忘れがちなのが、右方向から来る歩行者や自転車である。右折中、車は進行方向より左を向いているため、横断歩道を右から接近してくる自転車は突然現れたように感じる。より右方向を注視しながら、横断歩道を通過するまでは低速で進むことだ。

右折ほどではないが、左折時の情報処理も結構忙しい。まず、左側をすり抜けようとする二輪車、それから横断歩道を渡る歩行者に注意する。右折と逆に、左側から来る歩行者や自転車が見つけにくい。特に速度の速い自転車は要注意だ。

もともと自転車は不安定な乗り物である。タイヤが細く、小石などを踏んだだけでふらついたり、転倒したりもする。だから、自転車の運転者はかなり手前を注視している。車のドライバーと違って、遠方を眺めて状況を把握する余裕があまりない。

後方の状況を知るミラーを付けていることは少なく、音楽プレーヤーで周囲の音を遮断して運転している若者も少なくない。無法な自転車には確かに腹の立つこともあるが、ドライバーはその点を考慮して対応する必要があるだろう。

先行車がいる場合、歩行者を発見して急停止するかもしれず、低速であっても車間距離が短いので追突の危険がある。時々いるが、先行車に続いて急加速するなどは厳禁である。

以前、片側一車線の交差点で前のトラックが右へ寄ったので、てっきり右折するものと思って左側をすり抜けようとしたところ、突然、左に寄ってきて驚いたことがある。トラックは内輪差を考えて大曲りしたのだ。左折の合図をしないのも問題だが、隅切りがない交差点では、こうした先行車の動向にも注意がいる。

最近は小さな交差点でも隅切りが行われるようになり、見通しはよくなっているが、油断は禁物である。

ただ、寝違えなどで首を痛めていると、何か確認する際に体ごと振り返らなければならなくなる。そういう時、合流と見通しの悪い交差点での右左折には苦労する。

運転中は、まず眼球が運動して視対象を捉える。それから安定して視認するために頭部が回転する。このとき眼球の移動時間は0・1秒以下と素早いが、頭部の運動はもっとかかる。一般には30度までは眼球の移動のみで、中心から数度離れると頭部の運動が生起し、それ以上の角度は頭部の回転を伴う。

見通しの悪い交差点では見なければならない範囲が非常に広くなるので、眼球を動かすとともに頭部を十分回転する必要がある。首が動かない状態では体全体を動かすしかないが、頭部を回転させるのと違い非常に時間がかかってしまう。素早く確認したくてもできない時の不安感が、確認の重要性をあらためて認識させる。

運転にはメリハリが必要とよくいわれるが、見通しの悪い交差点では、少しずつ、いつでも止まれるようにズルズル前進した方がいいようである。

見通しの良い交差点ではあれこれ確認する手馴れたドライバーでも、小さい交差点では確認行動が疎《おろそ》かになることがある。見えないものは見ない、見えないものはない、と思いこんだ運転行動になりやすい。見えない所にこそ、危険が潜んでいるということを忘れてはならない。

「一時停止」するのは数％

筆者の家に近い小さな交差点は、双方とも４ｍくらいの幅員でとても見通しが悪い。一方に一時停止の標識があるが、ほとんどの車が停止はおろか減速もろくにしない。優先側の歩行者や車の方が一時停止して待っていることも少なくない。

「いつもきちんと止まっている」という人も、減速しながら通過したり、止まりかけて加速したりというのが大半だ。実際、一時停止の標識で停止線の前で完全停止（タイヤの回転が止まる）し、左右を確認する良心的ドライバーは数％だという。

住宅街や商店街は、建物や塀で見通しが悪い交差点がほとんどだ。進行しながらの確認は時間的に余裕がなく事故につながりやすい。しかし、交通量が少なく毎日通っていて人や交差車両にあわないことが続くと、少し減速すれば大丈夫、という予測運転になりがちである。お互いにそう考えれば、危険度はいっそう高まる。

――道幅3mの道路を時速約20キロで走行していたAさんは、安全確認をせずに見通しの悪い十字路交差点に進入、右から来たBさんと衝突した。どちらも多少は危険という意識はあったが、Aさんは慣れた道だから20~30キロなら安全と判断。Bさんは40キロから20キロへ減速すればいいと考えた。

ともに減速はしているが双方20キロ、数m程度の見通しでは衝突を回避できない。Aさんは一応ブレーキに足を乗せたが、Bさんは何も回避操作をできなかった。

この事例では二人ともカーブミラーを見ていなかった。多くの事故でドライバーはカーブミラーを確認しなかったと話すが、曲率のあるカーブミラーを走りながら確認するのは難しい。逆に、カーブミラーを確認する習慣があれば、一時停止の習慣もつく。

カーブミラーが曇っていたりすると、その有難みがよく分かる。カーブミラーをろくに見ず、アクセルを踏むなど論外である。

見通しの良い交差点と変形交差点

子どもの頃、家のそばに信号のない交差点があった。双方向8mほどの道路幅で見通しも悪くないが、ある日、まったく減速しない2台の車が大音響とともに衝突した。

いつも通るドライバーは、滅多に他の車にあわないから大丈夫と考える。初めて通行するドライバーは交差点の存在にさえ気づかず、減速もしない。郊外の見通しの良い交差点ではしばしばこうした事故が起こる。

実際に観察すると一直線に伸びた道路が多く、交差道路の存在を認知しにくい。速度規制、一時停止の標識や路面表示もないので、どちらが優先かはっきりしない場合がある。交差車両は遠景に溶け込んで視認しにくい。曇りの日などはなおさらだ。また、遠くの車は走行中か停車しているのかもすぐには判断できない。

自車と交差してくる車の交差点からの位置が同じ距離で同じ速度だと、見てはいても相手車両が止まって見えてしまうことは研究で明らかにされている。この現象は航空機事故でも発生している。オランダでは、見通しの良い交差点に障害物を設置して事故を防いでいるという。

また変形交差点、特に鋭角に交差していると他の通行者が確認しづらい。

――交差角度の小さい変則的な四差路交差点で事故を起こしたCさんは、二車線の県道を横断するため一旦停止した後、中央線付近まで低速で進入。その時点でD車が左方から進行して来るのに気づいて判断に迷った。交差角が小さいため左後方が確認しづらく、看板があって見通しが悪かった。その上高齢のCさんは首を振る角度が小さく、広い範囲を素早く見ることができなかったという。

このような交差点事故にはデータ上、ざっと次のようなパターンがある（3）。

①安全確認見落とし型：交差車両が認められなかったので交差点に進入。
②見越し運転型：交差車両はいないと予測して進入。
③交差点見落とし型：交差点に気づかないまま進行。減速や停止は行われない。
④安全確認他車発見型：交差車両（衝突した車両以外）を認め、通過のタイミングを見計らって交差点に進入。
⑤距離速度誤判断型：交差車両を発見し、先に通過できると判断して交差点に進入。
⑥一時停止見落とし型：交差点には気づいたが、一時停止の標識に気づかず進行。

①と④では安全を保とうという意識はあるが、確認にかける時間が少ない。

ドライバーは心配や急用、病気などがあると注意力が落ちる。通行経験がなければ、交差点を認知できないかもしれない。逆に、経験から交差車両はないと予測する可能性がある。若者はリスキーな運転をし、高齢者は視覚情報の処理が遅れるかもしれない。

そうした失敗を防ぐ対策としてカーブミラーの他、キャッツアイ（反射板のある道路鋲で交差点を視認させる）やハンプ（路面を凸型に盛り上げる舗装で減速を促す）の設置、標識や交差点の見通しの改善が行われている。

今後ＩＴＳ（高度道路交通システム）が進めば、交差車両の接近情報システムも進化するのかもしれない。しかし、だからと言って減速せずに交差点に進入し、歩行者がいたり犬や猫が飛び出してきたりすれば、急ハンドルで事故を起こす可能性も大だ。

やはり、自分の目でどれだけじっくり見るかが大切である。

Uターン、バック、駐車のポイント

交通事故というと交差点事故や追突事故などを思い浮かべるが、実際には低速での細かい運転作業によるものが多い。スピードを伴わないので気軽に考えがちだが、日頃から注意して対処すべき点についてまとめておく。

まず転回について。目的地を通り過ぎてしまいＵターンする場合、交通量が少なくても流れが速い場合は要注意である。

後方からの接近車両の距離や速度はミラーではほとんど判断できないので、しっかり後方を振り返って目で確認することだ。一回で転回できなければ切り返しの時間がかかり、その間に接近する車もあるから慌ててバックすると衝突の危険がある。対向車に注意を払うことはもちろんである。

分離帯やカーブがあって前方の道路状況が確認できないまま、強引にUターンしようとして起こる事故は結構多い。また、タクシーは反対側にいる客を乗せようとしたり、無線で呼ばれて反対方向に無理なUターンをしたりして事故になるケースがある。

次に後退について。角地に住む知人は車を買ってから、道路に面した塀を両方とも撤去してしまった。おかげでどちら側からでも前進で車庫に入り、前進で出られるようになったという。よほどバックが苦手だったのだろう。

車には前進や後退だけではなく、幅寄せ、車庫入れ、駐車など色々な作業がある。教習所で教わった通りにできるのは自宅の車庫くらいで、実際の場面では目印もない。

ガソリンスタンドで客を誘導していた女性店員が、バックオーライ、と声を上げながら後ろに下がるうち、誘導していた車と別の車のバンパーの間に足を挟まれたのを見たことがある。誘導する人は真後ろに立たず、横か斜めから見ることだ。

後ろに目のない人間は後退には苦労する。後退時の死傷事故は毎年1万件程度と少なくないし、物損事故では最も多い事故類型かもしれない。

大半のトラックは後部荷台があるので室内ミラーが使えない。サイドミラーの視野角は乗用車より大きいが、真後ろは視認できない。宅配便トラックが狭い路地にバックで入ろうとしたところに、幼児が家から飛び出してくることもある。

乗客の指示で不慣れな道路に入るタクシーも後退時、電柱や低いブロック塀などにぶつかることが多い。特に稼ぎ時の夜間は障害物が確認しづらいので、進入する際にあらかじめ確認しておかなくてはならない。

前進と違い、長い距離をバックする時はなかなか真っ直ぐ進めないものだ。窓から顔を出したり、ドアを開いたり、車内から見たりしながら後退する人がいるが、いずれも必要以上に視点を移動させるのでふらつきやすい。シートに手を掛け、できるだけ視点がぶれないように進行方向をしっかり見るのがポイントである。

使い慣れた自分の家の車庫でも安心はできない。バックしようとしてアクセルとブレーキを踏み間違え、そばにいる家族を死傷させる悲惨な事故が時折起こる。

大抵の家の車庫は狭く、自転車やタイヤなど色々なものが置いてある。それらに気をつけながらぴったりと車庫に納めるには相応の熟練が要る。筆者の家の車庫も、家人が車寄せと呼ぶほど狭いので何度も切り返さなくてはならず、修理や点検の後で車を届けてくれる販売店の人が四苦八苦している。

都会では車庫の形が様々で、バックで入ることもあれば、縦列で入ることもある。普段は一定のやり方で入る車庫も雨で視界が悪かったり、急いでいたりするとまた違う。焦ってボディをこすった経験のある読者は多いはずだが、少しでも不安を感じたら仕切り直しをするゆとりを持ってほしい。

路上駐車は縦列になることがほとんどだが、初心者ばかりかベテランでも不得手な人が多く、正直言って筆者も苦手である。プロのドライバーがセンチ単位でスペースギリギリに納める様子など、まさしく職人芸だと感心してしまう。

塀沿いに駐車スペースを設け、1000ccクラスの乗用車からレジャービークルまで縦列駐車の様子をビデオで記録し、納めるまでの時間と方法を観察したことがある。一般的な方法は、スペースを通り越して平行な状態からバックし始めるか、一旦スペースに車の先端を入れて通り過ぎ、斜めの状態からバックを開始する。

上手なドライバーは、小さな車でも大きな車でも常に一定の方法を採っていた。ハンドルを切る地点、ミラーの視認、後方を直視するタイミングもいつも同じである。つまり、縦列駐車は自分なりの方法を練習して確立しておく、ということだろう。

駐車場は事故が多い

知人の女性は、並列状の駐車スペースから車を出そうとバックと前進を繰り返した挙句、ハンドル操作を誤って隣の車にドアを食い込ませて出られなくなった。電話で呼び出されたご主人は、どうすればそうなるのか、驚いていたという。

ビルの立体駐車場から高速道路のSAまで、駐車場の形態は様々である。最近は2階建てや3階建ての駐車場も増え、車止めを破って転落する事故が時々起きている。8階建てビルの屋上駐車場から、道路反対側のビルの3階部分に転落するという事故もあった。

多くの場合、ブレーキとアクセルの踏み間違いが原因だが、アクセルを踏んだままギアをドライブに入れたため急発進したという操作エラーもある。もともと車止めは少しアクセルを踏めば乗り越えられるし、屋上のフェンスはあくまで人が転落しないための用心であって車を止めるためのものではない。

少し前、有名な女性アナウンサーが駐車場で男性をはねて死亡させる事故があった。駐車場では、ワゴンやトラックに隠れてドライバーからは人影が見えないことが多い。車から降りた歩行者も、道路と違って車が動くということを忘れていたりするから、徐行は鉄則である。

駐車スペースを探して他の車が入れるかどうか迷い、動静をよく見ていないと急にバックしてきたりする。自分も早くどこかに駐車しようと急ぐことが多いが、人や他の車の動きをよく観察しないと思いがけない事故につながる。

6　歩行者事故を防ぐための基礎知識

子どもの社会性と認知力

母親の運転する車が、坂の途中で電柱に衝突するという事故を調査した。衝突時の速度は約20キロで1歳児が乗っていた。軽傷を負った母親は、ぶつかる直前に隣の席の子どもを左手で押さえたおかげで子どもは無事でした、と証言した。

しかし、いくら乳児でも瞬間的に片腕で押さえられるはずがない。実際は簡単なベビーシートが備え付けられていたおかげだった。そもそも原因は、騒ぐ子どもをなだめようと脇見をしたことであり、気持ちは分かるが、走りながらでなく一旦停車してなだめていたら事故は起きなかっただろう。

子どもというのは、周囲の状況を確認せずに行動するものだ。あの時なぜ赤信号で道路に飛び出したのか、そうしたことが大人には理解できない。

一口に子どもといっても、それぞれの発達段階に応じた行動と心理がある。子どもは基本的に自己中心的だが、色々な経験を積むことで7歳頃からその傾向が解消され、11歳頃に社会性が完成するという。交通は社会性が求められる日常的な行動であり、子どもにとって厳しい環境なのである。

幼児は親と家庭に守られ、外出も保護者同伴であることが多い。当然、周辺環境を客観的に見る能力はなく、車の接近に気を配るのは不可能に近い。身体が小さくちょこまか動き回るが、自分の興味があることにだけ集中している。意外に思われるかもしれないが、反応も遅く、素早い応答ができない。

小学生の低学年になると自分で登下校して友達と遊んだりもするが、社会性は未分化で幼児と同じような行動が多い。しかし、身体的に発達するので自転車に乗ったり、友達同士で外に出たりと単独行動が増えてくる。

いくら親が「車に気をつけなさい」と言っても、何にどう気をつけるのかがよく理解できないので車の動静など気にかけない行動をする。だから、この年齢層から急に交通事故に遭う確率が増えてくるのだ。

小学校高学年になると一応の社会的ルール、交通ルールが分かってくるが、まだ原則的な理解にとどまる。道路を横断する時、接近してくる車をしっかり見ることができない上、確認回数が少ないままで横断するといった行動が見られる。

子どもの交通事故で一番多いのは、飛び出しである。突然、物陰や路地から飛び出してくる子どもを避けるのはかなり難しい。

幼児の行動範囲は狭く、主に自宅の周りか近くの公園ぐらいである。住宅街はドライバーが不注意になりがちな小さな交差点が多く、塀や電柱、駐車車両など身長の低い幼児が見えにくい場所だらけだ。20キロ規制の地域が多いが、飛び出しに対処するには20キロでも速すぎるくらいである。

保育士に連れられ、集団で散歩していても油断はできない。いつ何時その中から車の前に飛び出して来るか分からないから、一旦停止・最徐行で通過するのが基本である。

特に、幼稚園の送迎バスが停まっていたら要注意だ。園児が一目散にバスに向かって走ることがあるし、母親が「早く行きなさい」と言うと、もうバスしか目に入らない。

筆者の身近でも信号待ちの車に園児が体当たりして転倒、大けがした事例があった。情緒不安定の子どもは視力が低いことが報告されており、急がせたりするといっそう見る能力が低下する可能性がある。

小学生は幼児に比べると行動範囲がずっと広くなり、保護者なしで外出する機会が増える。下校時など友達とふざけ合い、道路にはみ出してくる光景がよく見られる。歩道にいるからといって安心はできない。

集団登校の列に車が突っ込み、多数の児童を死傷させる事故が時折起こる。スクールゾーンは徐行が鉄則で、本来、登下校の時間帯はその道を避けて迂回するくらい慎重であっていいし、脇見やスピード超過は禁物である。

幼児や児童の歩行者の特徴として、見る行為が未熟、交通場面で目立ちにくい、よく走るがうまく止まれない、見る行為が情動から影響を強く受ける、善悪の区別なしに大人の交通行動を模倣する、などが挙げられる(1)。

最後の点は、大人としても難しい問題だ。子どもに信号を守りなさいと言いながら、車が来ないとつい赤信号で渡ったり、斜めに横断したりする。子どもは大人、とりわけ母親の交通行動を真似して悪い交通習慣を身につけてしまうという。小さな子どもと一緒の時は、親が正しい交通習慣を見せなくてはならない。

横断歩道での子どもの事故は小学校低学年が最も多く、それ以降は急激に減少していく(同前1)。最も危険なのは駐車車両付近の横断である。また、子どもは走りながら横断をする傾向が強く、これも事故要因となっている。

学校などが幼児や低学年向けに行う交通安全教育は、あまり効果がないといわれる。「10歳以下の子どもは近代的な交通にうまく対処する感覚、あるいは認知能力を持っていない」（児童心理学者のサンデルス）からだという。

しかし、仮想道路での実験（5歳の幼児38人を6週間にわたって12回訓練した）では、訓練を重ねるにつれ横断時のスタート遅れが減り、横断速度が速くなった。横断の機会を見過ごした割合は成人より高かったが、危険な横断をする割合は成人よりも少なくなった(2)。危険な場面を見せたり、危ない行動について話をしたりするより、実際に訓練することが効果的ということだ。

話をチャイルドシートに戻すと、助手席や膝の上に子どもを乗せて運転する人がいる。急ブレーキをかけると危険だし、衝突でエアバッグが開いたら子どもはひとたまりもない。後席なら安全だろうとチャイルドシートを使わないのも、同じように危険である。

子どもは前席に座りたがるものだ。電車でも先頭車両の一番前で線路を見ているのは大抵男の子だが、筆者の友人は、後席のチャイルドシートに座らないと出かけないと子どもと約束したら、自分からシートに乗るようになったという。

幼稚園の送り迎えの際にチャイルドシートを使用している親の特徴として、シートベルトを着けている、結婚している、幼稚園までより長い距離を走行した、煙草を吸わない、などが挙げられ、健康への意識も高かった。そしてチャイルドシートは子どもの安全のためであると考えている。

一方、チャイルドシートを使わない親は、事故が起きても膝の上に乗せた子どものケガを防げると信じていた(3)。事故は起こさない、行き先が近い、面倒だ、車に合うものがない、などの理由でチャイルドシートを使用しない親では、子どもを事故から守るのは難しいと考えたほうがいい。

歩行者事故は常に「まさか」

わが家の近くに某大学の運動部の合宿所があり、交通の激しい環状七号線を横断しようと学生たちが中央線付近で立っていることがある。合宿所は信号機のある横断歩道のちょうど中間にあり、遠回りは面倒とばかりに横断禁止の場所を走って渡る。無事に渡れるかどうか、見ているほうがハラハラしてしまう。

自分が運転していると、歩行者はずいぶん勝手なものだと感じる。横断歩道の手前を渡る、信号が変わっているのに無理に渡る、立ち話や携帯電話を見ながらのんびり歩くなど、ドライバーから見ればイライラするが、歩行者にすれば、横断中は車が待っているべきで何をそんなに急ぐのかと思っている。

立場によって感じ方は異なるとしても、歩行者保護は運転の基本である。高齢者や子ども、病気で歩行困難な人もいることに配慮を欠いてはならない。

大きな歩行者天国に行くと、歩行者天国だからどこを歩いてもいいのに多くの人は歩道の辺りを歩き、なぜか横断歩道を渡っている。車社会に慣れてしまい、歩行者天国なのに気ままに道路を歩けなくなっているのだから習慣とはおそろしい。

歩行者事故の中で横断中の事故は最も多い。当然ながら、普段の道路は歩行者天国ではないが、それほど危険感を持たずに横断する歩行者がほとんどである。いざとなれば自動車が止まる、くらいに思っている。

イギリスは日本と同様に歩行者事故の多い国だった。島国で国土が狭く、左側通行など共通点もあるが理由ははっきりしないが、日本の事故死者数は30日内死亡者数で一九九二年が1万4866人、二〇〇九年では5772人、イギリスでは同4229人から2337人と同じように減少している。

しかし、死亡事故に占める歩行者事故の割合は、イギリスが減少傾向なのに日本はわずかながら増えており、先進国の中でも歩行者の死亡事故割合が多い国である。

乗員の安全対策は進歩しているのに、歩行者に対する車の安全対策は遅れている。ようやく二〇〇五年から、事故時の頭部保護を目的とした衝撃吸収ボンネットが義務づけられ、最近は衝突の際にウィンドシールドの前にエアバッグが展開するシステムが一部車種に取り入れられたが、実情は歩行者優先にはほど遠い。

事故調査でこんな事例があった。

――三車線道路で信号待ちのドライバーが、青に変わった途端に勢いよく発進した。左右の車も負けじとアクセルを踏み込んだその時、中央分離帯のフェンスの陰から歩行者が道路に出てきた。

ドライバーは左右どちらにもハンドルを切れないまま歩行者の高齢女性をはねた。信号を渡りきれずに中央分離帯付近にいて、右折車がなくなったのを信号が変わったと勘違いして歩き出したらしい。ドライバーは「まさかあんな所から……」と言った。

歩行者事故というのは、こうした「まさか」という状況がほとんどなのだ。

普段ドライバーは実によく道路を見ている。調査で路上に貼ったガムテープを発見してブレーキをかける。周辺もよく見ていて、車間距離の調査で設置したレーダー装置はたちまち見つけられ、直前でブレーキを踏まれるので調査にならなかった。

しかし、動いているものを見て動静を予測するのは一様に苦手である。特にドライバーは通常、道路上に歩行者はいないものと思っているので、突然の横断のような状況への対応は大きく遅れてしまう。

固定物は一度目を離しても再確認できるが、動いているものの動静を連続的に把握するのはかなり難しい。右折時に一度確認した対向車に再び目をやると思ったより近くにいたとか、一度確認した後方車両を車線変更時に再び確認するとすぐ脇にいた、などはよく経験するはずだ。

右折時に横断歩道の周辺をよく見て発進したのに、左前方から歩行者が横断してきて衝突した事例で、ドライバーは「電柱の陰から突然、人が出てきた」と証言した。交差点の角に電柱があり、一瞬だけ死角になっていた。電柱があるためにドライバーは「突然」と感じたわけだが、動静をよく確認していれば防げる場合が多い。

酔っ払いでも責任はドライバーに

一九六〇年代後半から七〇年代にかけて、左折する大型車に歩行者や自転車、バイクが巻き込まれる事故が多発した。工場地帯で、大型車の左折状況を1週間ほど観察したことがある。毎朝8階建てのビル屋上まで機材を運び、交代で10時間観察した。

バイクは大型車の前に出るか、後ろで待機してから発進し、トラックの危険性を比較的よく認識していた。だが歩行者は横断歩道以外の場所からも横断し、信号の変わり目では早足になったり、立ち止まったりする。横断歩道の手前で停止する車が多いが、歩行者の間隙を縫って強引に左折していく車もあった。

歩行者が車に接近する方向は実に様々で、車から見れば右前方から左後方まで相当に広い。時折大きな音とともに車が急停止し、手前で歩行者が立ちすくんでいる。自転車は歩行者以上に危険で、スピードを上げてトラックの死角に飛び込んでくる。しばしばのニアミスに「危ない！」と声を上げた。

現在、大型トラックには事故防止のためにサイドガードや側面ターンシグナル、音声合図、サイドアンダーミラー、左折時の直視のための左側ドアの小窓など様々な左折事故防止装置が備えられている。

歩行者の死亡事故は、車とぶつかって路面に頭を打てば、ごく低速でも発生しうる。交差点付近では歩行者を先に行かせ、ゆっくり安全確認して通過するのが大原則だ。いくら急いでいても、そこのけと言わんばかりの運転は絶対にしてはならない。

夜間、限られた前照灯の範囲外にいる歩行者を発見するのは、街路灯がなければ不可能だ。統計を見ると夜間の歩行者事故件数は昼間の約2倍、車道上は約4倍になる。

車道上に人はいないと思えば発見後の対応はもっと遅れるし、横断歩道上では同じような件数なのに横断歩道付近では約2・5倍である。横断歩道上は明るくても、付近は暗くて情報がとりにくいこと、横断歩道では減速するドライバーも少し離れるとスピードが速くなりがちなことが一因だろう。

歩行者事故は死傷事故の54％、死亡事故の73・9％が歩行者側の違反だという。死亡事故の内容は、走行車両の直前直後を横断する、横断歩道外を横断する、信号無視、酩酊・徘徊・寝そべりなどだ。それでも、いったん事故が起きれば歩行者が悪いというのは言い訳にならないのである。

渋滞する市街地と抜け道の功罪

かつて自宅近くの商店街で火事があり、道路が狭くて消防車が入るのが遅れ、大きな被害が出た。その後、道路は拡幅されたものの駐車車両が多く、駅の近くは無断駐輪がたえない。商店街の道路は狭く、交差点の見通しも悪い。買い物客や親子連れがいると分かっていながら、一時停止せずに走り抜ける車がいる。市街地は幹線道路ではない。いくら急いでいるからといって、無謀な運転は事故に直結する。

全事故の70％以上は市街地で起きている。日本の道路総延長120万キロのうち、市町村道は約98万キロと80％以上を占める。市町村道は国道や県道に比べて狭く、日本の道路の75％弱が幅員5・5ｍ未満、その半数が3・5ｍ未満。つまり、市街地では多くの場合、すれ違い時は減速するか、片方が停止する必要がある。

市街地では交差点と一般単路での事故が多く、非市街地と大きな差はない。しかし、死亡事故は、市街地では信号のある交差点、非市街地では単路での発生が多い。市街地では信号無視や歩行者の動静を見誤ること、非市街地ではスピードの出し過ぎが理由と考えられる。

夜間になると市街地・非市街地とも事故件数は昼間より減るが、市街地では死亡事故が増える。幹線道路と違って道路照明が整っていないことが多く、信号のある交差点といえども暗い。信号があっても交差車両のヘッドライトに注意するなどして進行しなくてはならない。

幹線道路での渋滞は脇道を知らないドライバーにとっては実に苦痛だが、いつの頃からか「抜け道マップ」が売られるようになった。

しかし、都会の抜け道は当然ながら住宅地を通る。住人か業務用の車ぐらいしか通らなかった道が通過のために無秩序に使われると、生活ゾーンに進入してくる車の騒音や振動で住環境が悪化するだけでなく、住民の安全が脅かされる。

通過交通というのはその地域に用事がないので、少しでも早く走り抜けようとする。住宅街の道は生活道路でドライバーも不慣れだから、予測できない道路状況に遭遇しやすい。多くの場合、安易に抜け道を選ばない方が賢明なのだ。

道路の快適性評価の実験では、「安全と思える道路は快適である」という結果になる。「安全と思える道路」とは駐車車両や対向車が少なく、交差点がはっきり見え、車線がきちんと分けられている道路のことである。

しかし、このような道路では当然ながらスピードが速くなる。市街地の道路は走りやすさも重要だが、あまり速く走られては事故のもとだ。ハンプやカーブを設ける、狭くするなどの防衛策が一定の効果を上げているが、集合住宅の中のような道路では可能でも一般の道路で徹底するのは難しい。

センターラインは道幅が５・５ｍ以上あると義務づけられるが、路側帯を大きくとることであえて狭くし、センターラインを無くしてしまう方法がある。愛知県警の試行では15路線で半年間に事故が半減したという。

センターラインがある道路では車の優先意識が高くなり、なければ下がる。自車線がはっきりしていると対向車が来ても減速しないことが多いが、そうでないとお互いに譲り合って減速するぶん、歩行者は安心して歩ける。

筆者も担当者に案内されて視察したが、住宅街の道路はゆったりと路側帯が取られ、車は速度を落として走っていた。感心したのは、道路の遠景がよりはっきり見えるように整備を加えてあることだった。センターラインのない道路があまり長く続くと今度はドライバーがストレスを感じるので、その距離を調整したという。単にセンターラインをなくすのではなく、ドライバーの心理も考えた効果的な取り組みである。

駅前商店街では最徐行

駅に続く商店街では、歩行者や自転車が渋滞する車の間をすり抜けていく。日中は荷物の積み卸しをする車や路上駐車、その間からの飛び出しなど死角でいっぱいだ。夜になると酔った歩行者がいて行動が予測できない。突然、道路の真ん中に出てきたり、立ち止まったり。夜、繁華街を車で通るのはできるだけ避けたほうがいい。

ある大きな駅の近くの商店街では慢性的な渋滞を解消すべく、数年がかりで片側二車線にした。しかし、店の近くに車を停める買い物客のため、商店会の要望で一車線を駐車帯にしたところ、二車線の甲斐もなく相変わらず渋滞が続いている。

通りを一本入ればコインパークのような駐車場はいくらでもある。事故につながる路上駐車より、安心できる駐車場に停めてゆっくり買い物した方がいいはずだ。

駅周辺の商店街には踏切が多く、待たされるのが嫌で警報機が鳴っているのに進入する車もある。雨の日は踏切の凹凸でハンドルを取られることもあり、急いで通り抜けようとすると渡りきらない歩行者がいて危険だ。

踏切での列車との衝突事故の件数は一九七〇年代に比べれば、年間10分の1以下に減った。踏切の改善がかなり奏功しているが、発生すれば必ず大事故になる。特に待たされた後は、人も車も自転車もわれ先に渡ろうとして入り乱れるから、線路で足を取られて転倒する歩行者がいるかもしれない。どんなに急いでいても、ここは細心の注意を払って通過しなければならない。

7　車の構造がもたらすエラー

ピラーとブラインドエリア

だいぶ前のことだが、信号待ちのバスの中で一番前に立っていると、横から1台のバイクが進んできてバスの前に停止した。信号が変わらないのに、バスはなぜか少し前に出た。ドン、と音がしてバイクは数m前にはね飛ばされた。

運転手は「えっ、いたの⁉」と言って驚いていた。バスは運転席が高く、遠くは見えるがすぐ近くは意識しないと見えにくい。大型トラックにも同じ落とし穴が潜んでいる。

車の形状は目的によって様々だが、安全面では相反することが多い。荷物のあまり積めないトラックや加速の悪いスポーツカーを選ぶ人はいないだろうが、荷物を多く積むには車体を重く丈夫に、加速をよくするには車体を軽くしなければならない。

重く丈夫にすれば衝突時に他車と乗員に与える傷害が大きくなり、軽ければ自車と乗員の被害は大きくなる。両方兼ね備えられればいいが、用途と安全のバランスを考えて車を設計する。つまり、適当なところで妥協するトレードオフである。

　車のウィンドウは窓枠のピラーが支えている。ピラーが細ければ運転視界は広く車外がよく見えるが、衝撃に対して弱くなる。ピラーが太ければ丈夫ではあるが、視界が狭くなる。右左折の際にピラーが視野を妨げ、歩行者や対向車を見えにくくすることがあり、事故原因としてよく話題になる。

　ピラーはドライバーの目の位置を考慮して設計されているので、前屈みの運転姿勢や極端なシート位置をとると外が見えにくくなることがある。右左折時には意識的に頭を動かして見ることで確認エラーを防ぐ必要がある。

　運転視界はウィンドウを通して直接視認する直接視界と、後方や下方をミラーやナビの画面で見る間接視界とに大別される。

　かつて視界の悪いデザインの車が流行《はや》ったことがあった。車内が外から見えにくい、ウィンドウを小さくして自分の世界を作るというので「囲まれ感」と称されたが、視界の悪さによる事故が多く発生したため、次第に広い視界が採用されるようになった。最近の乗用車のほとんどはウィンドウ部分が大きく視界良好である。

　それでも車体の構造上、ブラインドエリアは必ずある。直接視認できなければミラーで確認するとしても、確認できない範囲というものがある。

車はとりわけ後退時の安全確認が不可欠で、狭い通りで切り返す時は一度車から降りて確認するくらい用心したほうがいい。近年、乗用車感覚で気楽に使われるミニバンは、形状がトラックに近いので後方と左側が確認しづらい。幼児がすぐ左前方にいると、見えないこともある。

トラックは車の中で最も視界が悪い。目の位置が240センチ程度と乗用車の倍以上の高さにあるので、ドライバーはよく見えると勘違いしやすいが、左折巻き込み事故が社会問題にもなったように、もともとブラインドエリアが大きい。荷台があり、後方が見えない。左前部を確認するためのサイドドアの小窓をふさぐのも危険である。

乗用車では車線変更の際、ドライバーの斜め後方にある車両がミラーでは見えない。真後ろ後方は遠くまで見えるので、安心して車線変更したら突然ぶつかるという事故がよくある。振り返っての直視はもちろん、自分の車がミラー視界でどの範囲まで視認できるのか、静止した状態で確かめておくとよい。

また、乗用車の室内後写鏡（バックミラー）は平面鏡なので、視認範囲は狭くなるが距離感がつかみやすい。室内鏡を曲率のある（ワイドな）ものに換えている車を見かけるが、いざという時に距離感が狂うのでお勧めできない。

トラックにはサイドミラーの他、アンダーミラーとサイドアンダーミラーが装備されている。アンダーミラーは曲率が非常に小さく、視対象の存在しか確認できない。サイドアンダーミラーは左折事故防止のために付けられたもので曲率もあり、近い視対象なら動きまで分かる。トラックのミラーは外形が大きく広い範囲が視認できるが、乗用車と同様に距離感は正確につかめないことに留意しなくてはならない。

運転視界を保持する装備

高齢ドライバーAさんは、いつもサポートしてくれる奥さんと車で出かけたが、夜、雨が降って道路がよく見えなかった。窓の内側が曇り、奥さんがタオルでそれを拭きながら運転していたところ、交差道路から入って来た車に気がつかず衝突してしまった。Aさんはウィンドウの曇りを取る方法を知らなかったという。

今の車はエアコンが車内の湿気を取ってくれるので、窓も曇りにくい。初心者や高齢者には、車の装備に無関心で使い方をよく知らずに運転しているドライバーが少なくないが、せっかくの装備も使わなければ無意味である。

デフロスタ、ワイパー、ウォッシャーは、視界を保つ上で非常に重要な装置である。デフロスタは窓の外側に付いた霜をヒーターの熱で融かす。温暖な地域では有難みが分からないが、寒冷地ではなくてはならない。霜が降りた時は暖機運転を行い、ヒーターの熱で霜を除去してから走行するようにしたい。

雨滴を取るにはワイパーしかないのは、車も航空機も同じだ。ウォッシャーは寒冷地で不用意に操作すると、突然ウォッシャー液が窓に凍りつき、前が見えなくなることがある。デフロスタで十分ウィンドウを暖めておけば、そういう事態を防げる。

運転視界を保持するにはこの他、リアウィンドウの曇りを取るデフォッガ、上方からの太陽光のまぶしさを防ぐシェードバンドがある。いずれも規格や法規が数多くあり、それぞれ測定法や基準が詳細に定められている。

運転視界を良くすることは事故低減に直結するため、人間工学上の研究が重ねられている。一例を挙げると、通常走行に必要とされる最低限の視界は上方8度、下方2度程度という。これを下回る車はないはずだが、その範囲だけはクリアにしておかなくてはならない。ウィンドウの前にアクセサリーを並べたり、お守りを下げたりするのは安全面では逆効果でしかない。

スモールライトは「見せるため」

昔は、雨が降ると電気系統が故障して立ち往生する車が結構いた。筆者自身、雨でブレーキが効かなくなって追突しそうになって冷や汗をかいたりした。

その点、今の車は致命的な故障はまず起こさないし、カーブでの限界性能も上がり楽にコーナーを曲がれる。しかし、限界を超えれば制御不能になるのは同じである。どれだけ性能が向上しても、運転技能があってこそである。

ドライバーは皆なくて七癖で、免許取立ての頃はそんな癖はなかったはずが、長い運転経験の中で習慣化する。中には良い習慣もあるが、他人から見ればおかしなものや危険なものも多い。

知人の一人は急ぐ用もないのに先行車にピッタリついて走り、毎度急ブレーキを踏む。助手席に乗るとその度に緊張して足を突っ張るので、目的地に着く頃はクタクタになる。ブレーキをチョコチョコかけるドライバーの車では、しばらくすると車酔いになった。職業は電車の運転士と聞いて妙に納得してしまったが。

薄暮になってもスモールライトを点けないドライバーは、それが上手な証しとでも思っているのか、頑なに点けない。本人には周りが見えていても他者からは見えにくい。車の接近速度は歩行者にとって予想外に速いのである。スモールライトは「見るため」ではなく「見せるため」にあるということが分かっていない。

車に乗るとすぐにタバコに火を点ける人もいるが、運転中にタバコの火や灰が落ちると、必ず慌てて前方不注意になる。シートや服を焦がすこともあるし、運転中くらい禁煙にしたほうが車内の空気も気持ちがいいだろう。

クセと似ているが、タイミングの違いというのもある。他人が運転する車の助手席に乗ると、停止する時につい「危ない！」と言ってしまったりする。運転者は普段通りのつもりでも、減速のタイミングが自分と違うのでしっくりこない。先行車の運転がどうも変だと感じるのは、加減速のタイミングが自分と異なる場合だ。

空いた二車線道路でドライバーの停止行動を路上で観測したことがある。一周約25キロのコースを被験者（男女各8名）に往復してもらい、50ヶ所の信号で青から黄色に変わる際の行動を分析したところ、男性は車速が高くなるとともに緩やかな停止行動をとり、女性は車速が高くなるほど急激に減速した。

つまり、一般的に女性ドライバーは信号が変わると、信号までの距離に関係なくブレーキを踏む。それに追随する男性ドライバーは、先行車のブレーキに違和感を覚える。もちろん男性と同じような運転をする女性もいるだろうが、多くの場合、あまり速度を考慮せずに運転しているようである。

また、高齢ドライバーは減速のタイミングが遅れがちで、速度を落として走行することが多いので、追い越し禁止区間で後続車はストレスがたまる。唐突な割り込みをするかと思えば、なかなか合流しないなど自分勝手に映る行動が増えてくる。

ただ、高齢者は心身機能が低下しているのである程度仕方ない。電車のシルバーシートのように、高齢者には道を譲るぐらいの気持ちでいてほしい。

日本人は胴長短足

最近の若者は背が高くなったが、中高年の日本人は欧米人に比べて概して背が低い。座高はあまり変わらないから、手足が短いのである。ちなみにタイ人は身長は低いが手足が長い。胴長短足は日本人の宿命のようである。

車は座ったままペダルを踏み機器を操作するので、手足の長さは操縦に影響する。かつてあるF１ドライバーが腕をまっすぐにして運転していて、非常に強かったので日本でも多くの若者が真似をした。

しかし、腕を伸ばすために座席を後ろに下げると、ペダルが遠くなってしっかり踏めない。背もたれを寝かせると上体に力が入らず、ハンドル操作がしにくくなる。操作は送りハンドル一辺倒になり、機器を操作するにも手が届きにくいから、いちいち姿勢を変えなくてはならないという悪循環になってしまう。

正しい運転ポジションはいざという時のためでもあり、本来あまり変わった姿勢はとるべきでない。手の届く範囲をコントロール・リーチと呼ぶが、腕は短くても胴体が補っているのか、日本人と欧米人に大きな差はない。ゆったり座り、コントロール装置に楽に手が届くような姿勢がよい。

シート位置はブレーキペダルをしっかり踏み込めるようにすることが肝心だ。今の車は昔みたいに100キロ重で踏まないと緊急停止できないということはない。軽く踏込んでもブレーキは効く。

それでも十分に踏めないドライバーのため、緊急時のブレーキアシストが実用化されている。力のない女性や高齢者には有効だが、ブレーキをかけても間に合わないから事故になるので、頼りすぎるのは危険だ。当然ながら、厚底靴やサンダル履きはペダルを踏む反応時間が遅れたり、滑ったりするので気安く使用してはならない。

危急の事態に、一瞬にしてタイヤをロックさせるのは素人には至難の業だ。実験のため何日か訓練すると、全員が時速100キロからほぼ真っ直ぐに停止できるようになったが、タイヤのスリップ音を聞きながら70m近く滑走するのはあまりいい気分ではない。

原理的には直進すると分かっていても、直前にハンドル操作をしたり、ブレーキを緩めたりすれば車両はあらぬ方向へ進んでしまう。左右のタイヤのバランス、ブレーキの利きが左右で違っていても真っ直ぐにはならない。

現在ほとんどの車に装備されているABSは停止距離を短くするためではなく、ブレーキング時のタイヤロックによる横滑りを防ぎ、グリップ力を保持するものだ。ブレーキを踏みながらハンドルを操作できるので障害物を回避できるとされるが、途中でブレーキを緩めてしまうと効果がないことはあまり知られていない。

コントロール装置と人間工学

車は世界戦略商品で、どこの国でもスイッチやレバー位置は大して変わらない。ただし、右ハンドルの輸入車はウィンカーとウォッシャーが逆についていることがあり、パッシングしようとしたらウォッシャー液が噴出されて驚いたりする。多機能化に伴い、ハンドル周りのレバー状のコントロール装置は操作方法が複雑化している。

車の装置のシンボルマークは世界的に規格化され誤操作を防いでいるが、普段と違う車に乗る時はいきなり走り出さず、操作系をよく確かめることである。

ハンドル、アクセル、ブレーキペダル、方向指示器、ワイパーコントロール、ライトスイッチはどれも非常に重要な装置で、運転姿勢を変えずに手足の届く位置に配置されている。これらはＩＳＯ規格で配置する場所が定められ、操作方法もある程度指定されているので初心者でもほぼ間違えずに操作できる。

しかし、それ以外の装置となるとベテランでも分からないことがある。とりわけエアコンは多機能化し、面倒だからオート（自動運転）に入れっぱなしという人も多い。冬は外気と車内の温度差で窓が曇りやすいので、ヒーターも入れず助手席の窓を全開にしている人、曇るたびにせっせと窓を拭くという人もいる。

気になるのは、エンジンブレーキを使わずに坂道を構わず走行するドライバーがいることで、一歩間違えば大事故である。

最近はパソコンを買ってもついてくるのは薄いマニュアル程度で、詳しくはオンラインマニュアルを見て下さいと言われてしまう。しかし、車は命をあずけるものなのだから、購入時くらいセールスマンが装置について詳しく説明した方がよいし、ユーザーもマニュアルを注意深く読んでおくと慌てずにすむことは案外多い。

スピードメーター、タコメーター、水温計、燃料計、油圧計、電流計、電圧計など車には多くのメーターが装備されている。形状は円形あるいは半円形が多く、中には横型もあるが誤読率が高い。メーターが多いほど読みとり時間が長くなるので、多ければよいというわけでもない。

車は一人だけではなく、別のドライバーが運転する可能性もある。コントロール装置や警報装置にはＩＳＯで決められたシンボルマーク（次頁の図）がついているが、全て正確に意味を言えるドライバーは案外少ない。一時期、これらのマークを決める委員会の委員だった筆者でも分からないマークもある。全問正解者はおそらく自動車関連の仕事をしているか、よほど車が好きな人だろう。

警告表示は車の異常を知らせるものでとりわけ重要だが、意味が分からなければ役に立たない。何でもシンボルマークで世界的に統一するだけでなく、国情に合わせた言語での表示など分かりやすい情報伝達を併用すべきだろう。

自動車のシンボルマーク（『自動車工学全書』山海堂刊より）

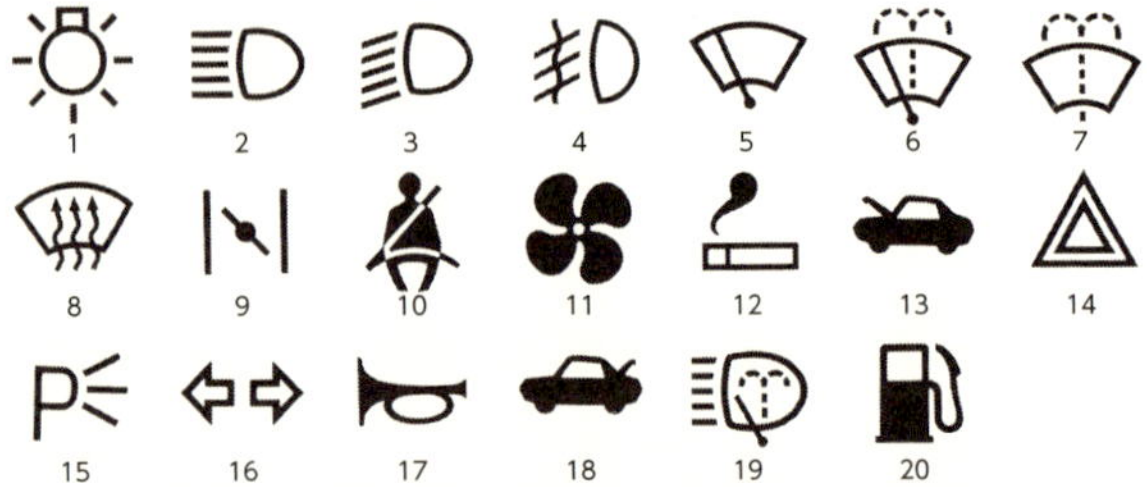

1.マスタ ライティングスイッチ　2.アッパビーム　3.ロアービーム
4.フロントフォグランプ　5.ウィンドシールド ワイパ
6.ウィンドシールド ワイパ アンド ウォッシャ　7.ウィンドシールド ウォッシャ
8.ウィンドシールドデミスティング アンド デフロスティング
9.チョーク　10.シートベルト　11.ベンチレーティングファン　12.シガライタ
13.フロントフード　14.ハザードウォーニング　15.パーキングランプ
16.ターンシグナル　17.ホーン　18.リヤフード　19.ヘッドランプクリーナ
20.フューエル

シートの人間工学

人間の体と車をつなぐシートは、振動を吸収し乗り心地をよくするとともに、ペダルやハンドル操作がしっかりできるよう、ドライバーの身体を保持する必要がある。衝突した時には衝撃から身を守る役目もある。

シートは自分が運転しやすい位置を選んでいいが、基本的なポジションがある。それは、①アクセルをつま先でしっかり最後まで踏み込める、②ブレーキをしっかり踏み込める、③ハンドルを180度回せる、④主要な操作装置に肩を浮かさずに手が届く、⑤メーター類が視野を妨げない――という位置である。

そして臀部はシートの奥にしっかり入れる。

多くの乗用車ドライバーはシートスライドを後ろに下げ過ぎ、バックレストも傾け過ぎる。するとお尻が前に移動し、いざという時に正しい操作ができない。ハンドル位置が遠くなるので送りハンドル気味に運転している人をよく見かけるが、助手席ではないのだからリラックスしすぎだ。

もっとも、187センチを超える背の高い人（米国人男性の95％）はシートを一番後ろに下げても脚がダッシュボードにつかえたり、背もたれを寝かせても天井に頭が触れたりして上方視界が遮られる。

逆に145センチ以下の背の低い人（日本人女性の5％）がシート位置を前にするとハンドルが体に近すぎて回しにくく、ハンドルの隙間から前を見る格好になる。残念ながら、そういう人は可動式ペダルが装着された車が安価になるまで、個人的に安全・快適な運転姿勢をとれる車を選ぶしかない。

最近はシートに様々な調整装置が付いているが、あまり多くてもユーザーが困惑し全く使われないことも多い。余分な装置より、まず自分の運転姿勢に合ったシートを選択するようにしたい。シートバックが背中側に極端にたわむもの、座面にかかる圧力が一点に集中するようなものは避けたほうが無難である。

5%は設計目標に不適合

昔の車は寒くなるとバッテリーが上がり、暑くなるとオーバーヒートした。タイヤはよくパンクし、シートの背もたれは固定式で好きなポジションが取れず、エアコンはないのに未舗装道路が多くて埃が立つので、夏でも窓を閉め切って走った。ブレーキやハンドルにパワーアシストがなく、停止状態でハンドルを切る据え切りは女性にとって簡単ではなかった。

車の運転はまさしく重労働で、人間工学と無縁だった当時を思えば、現在の車は別の乗り物のようだ。さらにITS（高度道路交通システム）によって交通全体の安全性と利便性を高める努力が続けられている。

人間工学は機械、道具、職場環境などを人間の特性に適合するよう設計、改善するための学問分野で、最近はボールペンやゴルフクラブなど何にでも応用されている。確かによく考えられているものもあるが、中には首をひねりたくなるものもある。

乗り物の設計にいち早く人間工学の研究成果を取り入れたのは航空機だった。第二次大戦中、アメリカではパイロットの高度計の読み間違いによって、多くの飛行機が墜落した。そこでマン・マシン・インタフェース（人間と機械の情報のやりとりを仲介するもの、車の場合はハンドルや操作ペダルなど）の研究が始まり、人間工学の基礎となった。それ以前にも人間工学という言葉はあり、種々の研究もされていたが、きちんと体系化され、定義されたのは戦後になってからである。

自動車も戦後、それら人間工学の知見を取り入れて改善を続けてきたが、日本車が本格的に人間工学に取り組んだのは一九六〇年代以降である。それ以前も乗り心地や運転疲労の研究は続けられていたが、実のところ外国（主にアメリカ）の規格にどうやって国産車を適合させるかで手一杯だった。

一九七〇年代に入ると実験安全車（ＥＳＶ）の構想が本格化し、我が国も参加した。それまで安全にはあまり研究費が付かなかったのが様相が一変、膨大な研究費が衝突時の安全に費やされるようになった。事故回避性能を向上する研究も進められ、人間工学もそれにともなって深化していった。

現在でも完璧ではないが、日本の自動車は人間工学の最先端を走っているといえる。ただ、人間工学を生かした設計の道具や機械だからといって、誰でも快適に扱えると考えるのは早計だ。

万人に適したものを作るのは、膨大な開発費（価格）がかかる。そこで人間工学は一定の範囲の人々に適合する、低価格で良いものを提供することを目標とする。一定の範囲とは設計目標で１００人中95人（95％）〜99人（99％）だから、１００人のうち５〜１人は適合しないこともある。

8　カー・コミュニケーションとマナー

サンキュー事故の典型

狭い道でのすれ違いはどちらが譲るか、なかなか難しい。お互いに譲らないうちに、気の弱い方が仕方なくバックすることになる。

車には他の車とコミュニケーションするため、ターンシグナル、ブレーキランプ、パッシングライト、クラクションが付いている。しかし、それらは主に車の存在や進行方向を示すためのもので、ドライバー同士の意思疎通には十分ではない。

航空機は地上連絡や飛行機間の連絡ができるが、車の場合、ほとんどが非言語コミュニケーションだ。合図をしても、相手が勘違いすると危険な羽目になる。

交差点で右折のために停止する。対向車が「お先にどうぞ」とパッシングする。頭を下げて右折すると、対向車の左側からバイクがとび出してきてドン、というのが「サンキュー事故」の典型だ。

この場合、合図をしたドライバーには責任がない。後方にバイクがいないかどうかまで知らせる義務はなく、右折に及んだ側が悪いのである。

狭い道や信号のない交差点で、ドライバー同士が目で合図をすることがある。いわゆるアイコンタクトである。会話ならば雰囲気で察しがつくが、車のガラス越しでは本当のところは分からない。うまくいった時は偶然と思った方がいいぐらいだろう。

「お先にどうぞ」の合図かと思ったら、「先に行くよ」という合図のこともある。ドライバーのジェスチャーや表情は一定でなく、電車では席を譲る人でも、ハンドルを握るや自分を先に進めたいという欲求が先行しがちである。

お互い人間同士だからある程度の意思疎通はできるが、100%信頼すると間違える。あくまで自分で状況を確認した上で行動することだ。

パッシングの意味は様々

高速道路で渋滞の最後尾につくとハザードランプを点けるのは、本来、目的外の使用だから当初は違法とされていた。しかし、高速では追突が大事故となるので、視認性の高い有効な方法として現在は全国的に行われ、行政側も認めている。

合流させてもらったドライバーがハザードランプを数回点滅させて「ありがとう」を示す習慣も定着してきた。無理な割り込みや、あえて合流させまいとすると流れがぎくしゃくして状況を見誤らせたりもするが、1台ずつ交互の合流と謝意の表明はお互いに気持ちがいい。

しかし、こうした全国共通で普及したカー・コミュニケーションの例はそれほど多くない。交差点で右折の際に対向車がパッシングするのは、関東では通行をスムーズにするため「先に右折を」という合図だが、地方によっては「自分が先に行くからそのまま停止を」の意思表示になる。

所変われば習慣も異なるので、知らない土地では周りの車の合図と行動をよく観察しておいたほうがよい。

パッシングライト点滅の伝達内容を調べた研究によると、相手に対して「ヘッドライトがついている」「この先で取り締まりが行われている」「こんにちは」「追い越したい」「来るな、こちらが先に行く」「譲ります、お先にどうぞ」など実に多様な意味がある。探せばもっとあるかもしれない。

クラクションは、当然ながら相手が何かに気づいていない時に使用するものだ。信号が変わっても先行車が発進しない、歩行者や自転車に自車の接近を知らせるなど、いざという時なくてはならない装置である。筆者もクラクションが故障した時は運転中、とても不安だった。

しかし、実際には必要ない場面でも鳴らされている。一度だけピッと鳴らすなら親切心も伝わるが何度も鳴らすのは周りの迷惑で、鳴らされた方もやむを得ない状況にあることが多いから、これまたみんなを不愉快にする。

鳴らされた相手がどんな人間かは分からないし、最近はクラクションに苛立ったドライバーによる暴行事件もしばしば起きているから気をつけたほうがいい。

パッシングやクラクションは、相手に威嚇的な印象を与えることが多い。連続的なパッシングは先行車に相当の威圧感を与えるし、車線を譲ろうにもできない時もある。隣の車線が空いている時に一度で十分なはずだが、これ見よがしのドライバーがいる。クラクションも同じで、むやみに鳴らせばよいというものではない。どちらも事故の危険を招くだけである。

ディスコミュニケーションの原因

コミュニケーションは発信者が内容を記号化し、何らかの媒体を通してメッセージを送り、それを受信者が理解して同じように送り返すというプロセスで成り立つ。

車を例にとると、左折の意思をウィンカーの点滅によって記号化して後方のドライバーに伝え、減速しながら左側へ寄る。後続ドライバーはその合図を理解して減速する。しかし、先行車が交差点直前でウィンカーを出して急減速すると、後続車への意思伝達がほとんど行われず緊急事態になる。

以下、それぞれの段階でのコミュニケーションエラーの例を挙げる。

①記号化が十分でない：シグナルやクラクションを本来の意味以外に使用すると、コミュニケーションが成立しないことがある。
②発信者がメッセージを送らない：合図をせずに突然、車線変更する。
③メッセージが誤っているか、不正確：方向指示器を一回出しただけで進路変更する。
④対応する媒体が不十分：クラクションの音が小さく、相手に聞こえない。
⑤受信者がメッセージを理解できない：車内で手を上げているが、感謝しているのか先に行こうとしているのか判断できない。

⑥受信者が誤ったメッセージを発信者に送る：受信側のドライバーが譲ってくれると勘違いし、挨拶をしながら発進する。

交通場面ではこうしたディスコミュニケーションがよく起こる。自分の意図とは別の解釈をされる可能性があることを忘れてはならない。

車の運転には、刻々と変わる状況に対応する最低限の能力に加えて、安全かつ円滑に通行するために他の道路利用者とのコミュニケーションスキルが必要だ。

初心者は技能が未熟で、経験が浅いためコミュニケーションスキルが低い。他のドライバーの意図が十分理解できず、自分のことで手一杯で周囲をよく観察できないので、無理な割り込みなどをして顰蹙《ひんしゅく》を買うことになる。

高齢ドライバーは、相手の合図を自分なりに解釈してしまう。対向車が道を譲ってくれたのに発進しなかったり、通過車両がいるのに突然右折を始めたりする。

コミュニケーションスキルは、人間の成長と同じですぐに完成されるものではない。普段からゆとりを持って周囲を観察しながら運転し、身につけていくことだ。

取り締まりと違反の相関

速度オーバーと知りながら、車群の流れが速いと自分だけ減速するわけにもいかず、そのまま走る。少しだけならハザードを点ければいいだろうと禁止区域に車を停める。車に限らず、赤信号を渡る、横断禁止でも横切っていく歩行者や自転車など、道路上は入り乱れて違反だらけだ。

知識不足や勘違いによるミステイクと異なり、知っていて故意に行えば違反になる。例えばＪＣＯの臨界事故（一九九九年）は、ウラン精製工程の手続きを意図的に改変したことが原因で明らかな違反だった。

医療過誤も薬の種類や量を間違えたり、技術もないのに手術をして患者を死亡させたりするケースがある。そこには個人の行動だけでなく、医療従事者の組織全体が抱える安全意識や管理体制というシステムの問題もある。

交通違反は個人の行動として考えられており、反則金や罰金は本人が支払うことになる。しかし、免許を取ってから一度も交通違反をしたことがないドライバーは一人もいない。無違反の人は大勢いるが、あくまで取り締まりにあわなかっただけである。

例えば、高速道路の工事区間は40～50キロに速度制限されるが、みな平気で80キロ以上で走る。また、一時停止は軽くブレーキを踏むことだと勘違いしている人もいる。見にくい標識や信号、勘違いしやすい道路構造、実情に合わない速度規制など道路システムの悪さからくるミステイクを違反として罰金を課され、怒るドライバーは多い。だが一方では、飲酒運転のような事故に直結する故意の違反を繰り返す人もいる。

違反をしていなくても道路脇の警察官にドキリとするのは、やはり抑止力として取締まりが必要ということである。

一九八四年に年間約1400万件あった交通違反の送致・告知件数は、二〇一〇年以降は800万件弱まで減少した。しかし、事故は52万件から75万件に増えている。

死亡事故は減少したものの事故件数がそれほど減少していないのは、交通違反の取締まり件数が少なくなったことが影響している。

一般に、違反を繰り返すドライバーは事故が多い。男性ドライバー（無事故群3万1427名、事故群1966名）を対象にした調査でも、無事故群より事故群の違反率が高かった（次頁の図表を参照）。

当然ながら、事故には必ず何らかの違反がともなう。その構成率を事故統計（二〇〇一年）で見ると、認知エラー（安全不確認、脇見運転、動静不注視、漫然運転）が最も多く

質問項目に対する無事故群と事故群の反応率
(統計的に有意差のあった上位10項目)

事故群が有意にハイと答えた質問項目	反応率、%	
	無事故群	事故群
過去3年間に交通違反でつかまったことがある	37.3	71.1
タバコの吸いがらやゴミ、空きカンを窓から捨てながら運転することがある	16.7	30.3
歩行者事故の場合、ドライバーよりも歩行者が気をつけるべきだ	15.9	29.0
前車が発進でとまどっていると、すぐクラクションを鳴らすほうだ	11.7	20.8
すぐ車線変更するほうだ	16.1	25.2
停止線を越えて停車することが多い	12.2	20.8
追い越した直後に、今度はこちらが追い越されると腹が立つ	21.3	29.0
スピードを出すのが好きだ	29.5	37.2
運転と関係ないものを見ていて、時たまハッとすることがある	53.7	61.0
高速道路では追越し車線を走るほうだ	28.9	36.2
無事故群が有意にハイと回答した質問項目		
自転車やバイクが横を走っているとヒヤヒヤする	80.0	66.9
横断歩道を渡っている歩行者がいると必ず手前で停止する	89.7	82.0
バイクを追い越しするときは、側方間隔を十分とる	95.4	88.0
車線変更するときは、必ず合図を出す	91.5	84.9
照明のあるトンネルでもライトをいつもつける	80.5	74.8
どちらかといえば、相手に道をゆずるほうだ	73.3	67.8
日暮れ時には早めにライトをつけるほうだ	80.3	75.5
自転車が前方にいれば減速して接近する	82.7	78.5
運転中に疲れたり眠かったりしたらすぐ休む	66.5	62.7
合流時には一台は入れてあげる	87.8	85.2

61・5％を占める。次いで運転操作、交差点安全走行、一時不停止が多く、速度違反は1％以下にとどまる。

それに対して取り締まられる違反は、圧倒的に速度違反（33・5％）と駐停車違反（23・4％）が多い。信号無視（事故：3・65％、取り締まり：7・85％）や一時停止違反（事故：5・17％、取り締まり：9・58％）は取り締まり対象と事故要因とがほぼ一致しているが、速度違反と駐車違反は、事故の実態とかなり開きがある。

認知エラーを導くものとして、携帯電話使用のように見れば分かる行動なら取り締まりもできるが、心の中の考えごとを規制するのは不可能である。

取り締まりやすい違反から取り締まっているようにも思えるが、速度が高ければ事故での加害性は増大するのだから、取り締まって当然だ。違法な駐停車は飛び出しの誘因になると同時に、円滑で快適な走行を阻害する。「少し停めただけじゃないか」と怒り出す人も多いが、小さな迷惑の大きな広がりを忘れてはならない。

マナー違反と事故の相関

マナーが悪くても違反はしていない、モタモタ走るよりカッコいいと考えるドライバーは多い。しかし、先の調査でも「運転中にタバコの吸殻やゴミ、空き缶を窓から捨てることがある」と回答した者は、無事故群より13・6％も事故が多かった。

ポイ捨ては運転中でなくてもマナー違反だ。信号待ちでドアを開け、灰皿の吸い殻を捨てるのは、みんなの道路より自分の車が優先、という身勝手な人間である。

事故群は、「ドライバーより歩行者が気をつけるべきだ」「前車の発進が遅いとすぐクラクションを鳴らす」など、交通弱者や他の車への配慮に欠けるのが特徴だ。

一度追い越した車に追い抜かれると腹を立てたり、追い越されそうになったらアクセルを踏み込んだりと、他人より前に出ようとする意識が強い。スピードへの傾倒、停止線を越えて停止するなど、ルール無視の傾向が見られる。

性格的特徴としては「注目されたい」（自己顕示欲）、「気が散りやすい」（注意散漫）、「八つ当りする」（責任転嫁）、「考える前に行動する」（動作優位）などがあった。

これに対して無事故群は、他の通行者に充分に配慮している。早めのライト点灯など事故にならないよう防衛運転に気を配り、全体として余裕ある運転態度が窺われる。性格的には、「他人に率先して仕事をする」といった責任感が見受けられた。

しかし、「現実の交通状況では多少の違反は仕方ない」と考える人は無事故群・事故群とも60％前後、「交通違反でつかまるのは運が悪い」という意見が50％前後ある。違反の繰り返しはいつか事故につながる。事故と違反は別物と思っているなら問題だ。

読者も思い当たると思うが、何かのきっかけで運転が荒くなったりすることがある。また、ハンドルを握ると途端に性格が変わるという人もいる。普段はおとなしいのに、やたらとアクセルを吹かしたり、必要もないのに急ブレーキをかけたり、他者の行動に対して攻撃的になる。

知り合いの研究者が、ごく一般的なドライバー50名に、「ハンドルを握ると人が変わりますか」と質問したところ、70％が「人が変わった」と回答している。その内訳は、「自覚的に人が変わった」が25名（50％）、「他覚的（他人からそう言われた）」が10名（20％）、「変わらない」（分からないを含む）が15名（30％）だった。

自覚的に変わった人の心理状態は、「外に誘発源があり変わった」（20名、80％）、「情緒不安定になり、次に外の誘発源により変わった」（3名、12％）、「情緒不安定となり、誘発源がないのに変わった」（2名、8％）だった。

家庭や職場での不満やイライラから、つい乱暴な運転になることがある。調査では9割以上が外部環境に影響され、いつもと違う行動パターンになっていた。

他車が強引に割り込む、先行車のスピードが遅いなど些細なことでカッとなり、先行車への急接近、無意味な車線変更といったマナー違反をしてしまう。するとますます情緒は不安定になって必要な情報を見逃し、誤判断をしやすくなる。

一歩間違えば凶器となる車の運転中は、やりすごせる平常心を習慣づけることだ。

9　運転中の認知能力を向上させる方法

不意の障害物

夜間、先行するトラックから落下したブロックを避けきれず、乗り上げてしまったことがある。ホイールが曲がり、タイヤはペチャンコになった。道路上の障害物を発見して回避するのは一見簡単なようで実は難しい。

道路上にはあらゆる落とし物があり、あらかじめ想定するわけにはいかない。ほとんどの場合、ドライバーは「道路上には何も障害物がない」と仮定して走っていることが回避行動を遅らせる一因である。

道路上の視対象は様々あるが、きわだった特徴があれば発見しやすい。四角い視対象ばかりの中に一つだけ丸いものがあれば自動的に飛び出して見える。ポップアウト現象といわれ、多くの視対象があっても一瞬で視認できる。

例えば、一時停止の標識は角が少なく人間工学的に視認しやすい上に、一般の道路環境には三角の視対象があまりないから目にとまりやすい。

逆に、いくつもの特徴を持った視対象が混在している中から、特定の何かを探し出すのは注意を集中しても時間がかかる。最近は大幅に改善されているが、数十年前の道路は標識があまりに多かった。今でも、複雑な信号交差点では自車の進行方向の信号を見つけられず、矢印信号が加わってさらに混乱することがある。

1章で述べた通り、車の停止距離は反応時間（空走距離）と制動距離の和で示される。一般にブレーキ反応時間は0・7秒とされるが、実際には1秒程度かかることも多い。信号や標識への反応は繰り返しの学習によって早くなるので瞬時に判断できるが、思いもかけないものであれば、判断時間はずっと長くなる。道路上にある落下物が何か、上を通過できるのか、ハンドルで回避できるのか、ブレーキをかけなければならないのか、瞬時に判断しなければならない。

路上の多くの障害物は一瞬で判断できるが、相手が動いていたり、小さいものだったりすると判断に迷う。犬や猫に慌ててしまい事故を起こす事例は多い。不審なものを見つけたら、まずアクセルから足を離して警戒することである。

また、暗い時、雨で視界が悪い時は障害物が背景に隠れてしまうので発見しにくい。

対向車のライトがウィンドウで乱反射して車線が見えにくくなると発見はさらに遅れ、普段なら回避できる距離でも衝突することもある。

走行条件に応じて速度を落とすこと、道路上の変化に注意することが肝要である。

視認距離を高める

道路上での視認距離は、対象物の大きさや明るさによって違ってくる。昼間、路側に駐車中の大型トラックを見落とすドライバーはいないが、夜間はちがう。

夜間、高速道路に横転したトラックに後続の車が追突した調査事例では、何台かの後続車はトラックの横転に気づいて路肩や走行車線に停止した。しかし、追突した車のドライバーは異変に気づかず時速100キロでそのまま進行、横転したトラックの黒いお腹に突っ込んだ。

昼間であれば充分に視認でき、回避できたはずの事故である。追突車は前照灯がすれ違いビームだったが、その視認距離は走行ビームが100m程度なのに対して40m程度しかない。

高速道路でも先行車がいればすれ違いビームにするのは当然として、先頭車や単独車でも滅多に走行ビームにしない。状況を判断した上で、積極的に走行ビームを使用したほうがよい。

もともと運転免許の取得には普通免許で静止両眼視力0・7以上が必要とされ、大型では静止視力0・8以上に奥行知覚検査が加わる。また、高齢者講習では動体視力や夜間視力も測るようになった。

病気や怪我などで極端に視力が低下していない限り、事故との因果関係ははっきりしないが、高齢になると目の調節力が落ち、周辺視野が見にくい、眩しさに弱いなどの変化が起こる。若くても動体視力が低い人はいるが、動体視力もやはり加齢とともに低下する。

現在、国内で測られているのは主に前後方向（接近してくる方向）の視力で、微妙な視角変化の差を検出する作業だ。動くものを判断するので、個人の応答の早さが混入するので精度の高い測定は難しいのが実状である。

最近の交差点はニート舗装（滑り止め）の茶色ペイント、緑色の路側帯、速度抑制のための下り坂の横線など様々な路面表示が行われている。

もちろん、センターライン、停止線、横断歩道、方向表示は交通の流れをコントロールするためにはなくてはならないし、速度表示も車の流れの中で速度規制を気づかせるために役立っている。

しかし、小さな交差点のカラー舗装は色彩的に背景に埋もれてしまう配色であることが多く、視覚的な広がりと連続性に欠ける。夜間は塗装の効果はほとんどないので、遠くからでも見やすいように配色を工夫するとか、センターラインと同じようにビーズを入れて反射機能を持たせるとかできないものだろうか。

先へ行こうとする習性

車の運転で最も大切なのは、よく確認することである。確認とはしっかりと見ることで、「見る」「視る」「観る」と色々な意味合いがある。

何気なく「見る」だけでなく、他の車の動向や周囲の状況をしっかり「視る」あるいは「観る」ことが大切で、そこにはその後どう行動するかを正しく判断するという意味が含まれる。

以前、視界数メートルほどの濃霧の中をセンターラインを頼りにソロソロ運転していて、停車スペースに車を停めたら、たくさんの後続車がいて驚いたことがあった。

見えなければ停まるしかないのに、少しでも見えれば先へ行こうとするのがドライバーの習性のようだ。しかし、先へ行くことばかり考えていると確認がおざなりになり、正しく状況が把握できない。

東名高速日本坂トンネル事故（一九七九年）は、トンネル出口付近でトラックと乗用車7台が玉突き衝突して炎上。その後も車はトンネルに進入し続け、実に173台の車が炎上、65時間も燃え続け7人が死亡した。後続車のドライバーは多少の煙にも「大丈夫だろう」とトンネルに進入し、前進も後退もできない状態になったのだ。

二〇一二年十二月に中央道笹子トンネルで起きた天上板落下事故（9人が死亡）も記憶に新しいが、トンネル内では、ドライバーは何がしかの緊張感や不安感を抱いている。

宇留野氏の調査（1）によると、96・5％のドライバーが何らかの不安を感じ、主な理由は「もし、事故が起きた時、トンネル内の設備の使い方がわからない」（54・9％）、「非常駐車帯がない」（42・8％）、「照明が暗い」（32・8％）、「トンネル出口から先の状況がわからない」（29・9％）、「トンネル内位置確認の方法がよくわからない」（29・3％）、「カーブや勾配の状況がよくわからない」（20・3％）、「排気ガスで見にくい」（17・1％）、「車線のマークが見にくい」（12・3％）だったという。

これらは普段、私たちがトンネル走行で漠然と感じる不安を具体的に表わしている。また、「トンネル内事故発生、進入禁止」という電光板情報に対して「止まる」が40％、「条件付きで止まる」は12・1％、「止まらない」が10％。

「条件付きで止まる」は、具体的には「止まって様子を見る」「止まって後続車に知らせる」などで、「止まらない」では、「他の車が入るのだから大丈夫だろう」「本当なのか信用できない」など他車の行動に影響されたり、電光板情報を疑ったりしている。

その他、「また事故か」「困ったな」などの情緒的反応、「どんな事故か、中はどうなっているの」といった情報不足への不安や、「遅くなってしまう」「Ｕターンできる場所や出口はないか」「迂回路はないのか」という回答もあった。

要するに、トンネル火災という事故があっても、多くのドライバーが「先へ、先へ」と考えがちということである。

実際には、手前に表示された情報を確認せずに走行するドライバーが意外と多い。出口が見えるような短いトンネルなら対処可能かもしれないが、長大トンネルではそうはいかない。まず表示された情報をしっかり確認すること、緊急の場合は避難口への退避が第一である。

筆者も、重い計測機を積んだ古い実験車両を運転中、上り坂途中の長いトンネル内で車がオーバーヒートしたことがある。いったん全員車外に出たが、路肩は狭く退避場所は遠い。しばらく待ってエンジンを掛けると運良く始動し、少し先のSAにたどり着いたが、追突されるのでは、また停まるかも、と冷や汗しきりだった。運転以前の状況認識の誤りだった。

いかなる時も状況認識を

台風の上陸が多いことで知られる室戸岬は、台風がくると防波堤に打ち寄せる波が数十メートルにもなり、怖いもの見たさで人が集まるという。

台風でも車なら多少の風雨は大丈夫、という甘い考えで出かける人がいるが、水深がステップより高く、ドアに掛かっていれば水圧でドアは開かない。開いてもたちまち車内に水が流れ込んでくる。

近年突発的な豪雨が増えており、気象情報に応じて出かける予定を変えるなど、警戒しておくのもドライバーの務めである。

しかし、地震は前触れもなく突然にやってくる。運転中であれば停車しておさまるのを待つしかないが、運転中はなかなか揺れに気づかないのが厄介だ。その先の対応も問題で、多くのドライバーは車に鍵を掛けて避難してしまうので、緊急車両が通れなくなる。自身の避難も重要だが、その後のことも考えなくてはならない。

そもそも道路環境というのは常に変化しており、時刻や季節によっても状況は異なってくる。他車や歩行者も前と同じ、ということはない。

いつも使う道路でも、工事や事故渋滞で思うように走れないことがある。知らない場所に行った時は要注意といわれるのもそのためで、県外車が事故を起こすことが多いとよくいわれる。確かに、不慣れな道で状況を把握できずに事故を起こすことも多いが、よく調べると、やはり周辺地域のドライバーのほうが事故を起こしている。

北海道は長い直線路が続き、あまり対向車が来ない。追い越しが多く、速度も出ているので正面衝突が多い。

関西に行くと皆われ先にと走り、合流でも譲ろうとしない。合流ルールが確立されている東京から見れば、なぜそんなに頑張るのか不思議なぐらいだ。一緒になって車間を詰めていたら疲れるばかりだが、そうした地域特性を認識しつつ周囲に気を配らなければならない。

特に、経験や知識が不足している初心ドライバーは、異なる状況にうまく対応できない。運転経験を積みながら、マニュアルや雑誌などを利用して意識的に知識を増やしておくといい。また高齢者は経験や知識はあっても、心身機能の低下や従来知識への固執から状況変化への対応が遅れがちである。

近年、状況認識（Situation Awareness）という言葉が、自動車を含めて各分野で用いられる。もとは航空機の飛行状況、位置、気象、システム等をパイロットが認識して、将来の状態を予測する一連の認知過程を指すが、要するに、自分の周辺で何が起こっているかを認知することである。

最近は車にも様々な自動化装置が取り付けられている。それら装置の状態、道路環境の変化を正しく認識して将来の危険に備える能力が、ドライバーにも求められる。

「だろう運転」と「かもしれない運転」

事故を起こしたドライバーに話を聞くと、「危ないと思った瞬間、ぶつかっていた」、「よける間もなかった」という答えが多い。突然、危険が発生したかのように聞こえるが、実はその前に何らかの判断材料があるのにそれを見落とし、判断せずに進行してしまったために事故になったケースがほとんどである。

運転は、外界の認知─状況の判断─対応する操作、という作業の繰り返しである。それぞれの過程で様々な作業があり、それに応じて様々なエラーが発生する。インディアナ大学による調査では、事故の人的要因のうち48・1％が認知ミス、36％が判断ミス、7・9％が操作ミスだという(2)。

ミスの内容は、速度や距離の誤判断、交差車両は来ないだろうという誤った仮定、歩行者の飛び出しへの不十分な対処、ブレーキではなくハンドルで避けようとしたなど不適切な回避動作、シグナルを出さない車線変更や右左折、他の車への異常接近、不適切な防衛運転などが挙げられている。

交差点で一時停止せず、動きながらチラッと左右を見る程度では正確に情報を把握できない。この認知ミスが判断ミスにつながる。しっかりブレーキを踏めば止まれるのに、ハンドル操作で避けられると考えて衝突する操作ミスは判断ミスからくる。つまり、判断は正しい認知、状況にあった操作というプロセスを含んでいる。

交差点では左右をよく確認しなさい、というのはその通りだが、確認とは「確実に認める」ことであり、その後に正しい判断をしなければ意味がない。

前に述べたように、人間は対向車の接近速度や距離は正確に判断できない。ミラーの死角は知っていても、早く車線を移ろうとする気持ちが先に立つと直視を忘れやすい。認知はしてもその後の判断が正確になされないなら、確認したとはいえないのだ。

「だろう運転」はまずい運転の代名詞のようにいわれるが、普段の運転ではそれなりの予測が不可欠だ。先行車は前が空いているので加速するだろう、車間が空いているので先行車が割り込んでくるだろう、などドライバーは経験と知識から大体の予測をし、それに応じた運転行動をしている。

こうした予測は多くの場合その通りになり、何度も経験するうちに確たるものになる。すると、何もない場所での急ブレーキやウィンカーを出さない右左折など、たまに予測外の行動をするドライバーがいると驚いてしまう。予測が常にその通りになるとは限らないが、普段は他の交通参加者の予想外の行動は忘れがちなものだ。

北海道で、それぞれ道路の先に一軒しかない家同士の車が出合い頭に衝突したという話がある。衝突の確率は天文学的に低いだろうが、長年、一時停止なしで通過しても何も起こらなければ、それが当たり前で大丈夫と予測しても仕方がないかもしれない。

しかし、それでも事故は起こるのだ。まして都会や交通量の比較的ある道路では、滅多に来ないから、では済まされない。

ACC（Adaptive Cruise Control）装置付きの車でドライブをしたことがあるが、先行車両に追従し、勝手に車速が変化してくれる。無理な割り込みにも機敏に反応してくれる。ハンドルさえ握っていれば、アクセルに足を置かなくても問題ない。高速道路を普通に走るだけなら非常に快適である。

SAに入るために車線を離れ、先行車がいなくなると設定速度まで加速するという問題点があったが、マニュアルにも書かれていたので納得できた。だが、普通に車線変更した場合、車線変更が完了するまで加速しないことには非常に違和感があった。

通常、加速しながら車線変更するものだが、ダラダラと車線変更し、その後で加速を開始する。後続車のドライバーが下手くそ、という顔でこちらを見て追い越していったのは、こちらが予測に反する行動をしたからだろう。

危険とはいわないが、まだ人間が運転するレベルには達していない。ドライバーを補助はするが、アクセルワークで人間が補助しないといけない領域である。

問題は、こうしたシステムを使い続けると人間が機械に頼り切ってしまうことだ。疲れていると面倒くさい操作を端折《はしょ》りたくなるが、それが周りのドライバーには予測に反した運転に映る。車の自動化はまだまだ問題山積なのである。

「だろう運転」が悪い予測運転を指すなら、良い予測運転は「かもしれない運転」だろう。対向車が来るかもしれない、歩行者が飛び出すかもしれない、など積極的に疑うことで「突然、危険が発生した」という言い訳はかなり減るはずだ。

制限速度を守るだけでなく

ドライバーが一番気をつける交通違反はスピード違反だろう。取り締まりが多いことは分かっていても、空いている、道路が広くて流れが速いなどの環境要因、急いでいるなどの心理的要因によって気づかないうちに速度が速くなっている。

スピード即危険というわけではない。ガードレールがあれば飛び出してくる歩行者は滅多にいないし、中央分離帯があれば車が対向車線を越えてくることは稀だ。

それでも、自車線だけでなく歩道や対向車線にも注意を向けておく必要はある。万一の場合、スピードが出ていると思わぬ事態に対処できないし、制限速度をオーバーしていれば事故への責任がより重くなる。

流れに乗って走っていると、周りと同じなら安心だと考えやすいが、車間距離を適正に保たないと、先行車の前で起こることが正確に判断できない。

先行車と対向車が衝突し、対向車が目の前に突然現れるかもしれないし、そういう事故は考えるよりも多く実際に発生している。流れの速さに危険を感じたら、あえて流れの遅い車線に移動し、後続車を先に行かせた方が無難である。

もとより、制限速度以下なら安全なのではない。歩行者や自転車が多かったら、たとえ30キロ制限でも5〜10キロに抑えるなど、あくまで状況に即した選択が要る。

飛び出し事故を防ぐのはドライバーにとってかなり難しい。教則本みたいに、ボールが転がり出てきて、それを追って子どもが出てくるという状況はまず起こらない。突然路地や物陰から、脇目もふらず猛スピードで駆け出てくるのだ。

それでも事前に認知できる飛び出しも多い。下校途中の小学生の列が前方にいたら、子どもは次にどんな行動に出るか分からないと考え、少なくとも減速して進む。そうすれば、児童がふざけて道に飛び出してきても避けようはある。

スクールゾーンをはじめ細かい路地のある住宅街、商店街、公園の近くや空き地がある所は飛び出し多発地帯だ。あらかじめ飛び出しに備えて速度を落とし、時折アクセルペダルからブレーキペダルの上に足を置きかえて惰性で走るとよい。

ペダルの踏み替え時間が節約でき、エンジンブレーキもかかる。飛び出しに備える心構えがあれば反応時間がぐんと短くなり、短い距離で停止できる。

すぐに止まれるような運転方略や対策を自ら考え、運転してみることをお勧めしたい。それで助かるのは飛び出してしまった子どもだけでなく、自分自身でもある。

10　ヒューマンエラーと交通心理学

スリップとミステイク

交通だけでなく、医療、食品、製造など他の分野の事故が毎日のように報じられる。原因を調べる場合、交通の分野では「認知—判断—操作」の過程をエラーで分類するのが一般的だが、ヒューマンエラーの考え方は分野によって様々ある。

認知心理学者のノーマンは、エラーをスリップとミステイクに分類した(1)。簡単に言うと、スリップはある行為を実行する段階のエラーで「うっかりミス」や「不注意」。ミステイクは計画段階のエラーで「思い込み」が代表的な例である。

人間の行動は、意図した行動と意図しない行動に分けられる。スリップは意図しない行動に伴うエラーで、習慣的な行動が意図しない場面で出現したり、今まで行っていた行動に次の行動が影響されたりして発生する。

エンジンがかかっているのにまたキーを回す、キーを差したままドアロックするなどスリップによるエラーの多くはすぐに表に現れるので、その場で修正可能だ。

そのため日常生活では事故になることは少ないが、車の場合は別で、時間が短いために修正できず、しばしば大きな事故につながる。アクセルとブレーキを踏み間違うなどの操作ミスはその最も顕著な例である。

人間には、長い経験を通じて心的過程に保持されている基本的知識のまとまり（スキーマ）がある。スリップはスキーマが思いもよらないタイミングで起動したり、必要な場面で起動しなかったりするために起こる。

意図しない行動のエラーを防ぐのはなかなか大変で、熟練すると操作や行動手順の確認をつい省略してしまうこともある。スリップによるエラーは、行動の節目で手順の確認を行うことである程度防げる。例えば、鉄道やトラックの「右よし、左よし」などの指差確認・呼称運転は、声を出すことで手順を再確認している典型である。

もう一つの意図しないエラーとして、心理学者のリーズンはラプス（記憶の欠落、物忘れ）を挙げる(2)。物忘れは高齢者に限らず、曲がる交差点は覚えていたが、右折か左折か忘れて反対方向へ走っていき、途中で気がついて戻るという経験は誰にもある。

他方、ミステイクは色々考えた末のエラーである。高速道路で渋滞し、一般道の方が早いと考えて高速を降りたら、もっと大渋滞していて待ち合わせに遅れるなどだ。

ミステイクは経験や知識が不足しているか不完全な時に起こり、結果が出るまで間違いに気づかないため大きな事故に結びつくことがある。

車で旅行する時、ごく大ざっぱな見立てで動いて失敗することがある。道を間違えていなくても、事前に道路状況を把握していないと渋滞に巻き込まれてしまう。筆者もよくあるが、楽しくドライブしたいならルート選択と状況予測をきちんと調べておくことだ。漠然と出かけて渋滞にはまるのは、明らかな情報不足によるエラーである。

近年、高速道路を逆走する事故が増えている。ほとんどが高齢者で料金所から逆走したのか、SAで反転したのか、どうやって入り込んだのか説明できない。

本人はきちんと走っていると思いこんでいるから速度も落とさない。対向車があれば変だと気づくはずだが、その時はすでに手遅れというミステイクの典型だ。料金所入口の仕切りをパイロンではなく固定物にするとか、SAの入口に逆走注意の表示をするなどの対策が必要である。

スキルベースとルールベース

人間の問題解決行動はスキルベース、ルールベース、知識ベースに分けられるのは先に述べた。食事の際に、いちいち考えて箸を使う人はいないように、人間の普段の行動のほとんどは繰り返しによって自動化され、無意識のうちに行われている。これをスキルベースの行動という。これがないと、どれだけ時間があっても足りない。

次に、自動的な行動では処理できない問題は、一定のルールに従って解決する。馴染みのある問題ならばそのルールを適用し、うまく行かなければ他のルールを探して解決を図る。これがルールベースの行動である。法律や習慣、体験にもとづく個人の考えもルールの一種で、普段私たちはそれに従って多くのことを判断している。

そして知識ベースは、今までの知識や経験ではすぐに解決できない不慣れな問題を扱い、最も高度な思考レベルが求められる。

スキルベースの行動はスリップと対応し、ルールベースと知識ベースの行動はミステイクに対応するが、普段の運転ではスキルベースとルールベースの行動が中心になる。

運転操作の大半はスキルベースで行われ、感覚情報をどう処理するかが問題になる。脇見をして情報入力を怠ると事故になるし、標識を見落とせば危険な状況に陥る可能性がある。いわば、運転操作の基本となる行動レベルである。

ルールベースの行動で特に問題なのは、「適切なルールの誤用」と「不適切なルールの適用」である。黄色信号では、交差点の手前にいる車は交差点内に入らない、交差点内にいる車はできるだけ早く交差点から出るのが基本ルールだ。

しかし、黄色になったら加速し、全赤のうちに交差点を通過すればよいと解釈しているドライバーは相当いる。また、一時停止でも車が来なければそのまま通過するというルールを適用している人もいる。運転中の携帯電話の使用に罰金が科せられるようになったのも、ルールを守らないドライバーが多かったのが原因だった。

知識ベースの行動によるエラーは運転ではあまり見あたらないが、過信や思い込みがこれに該当するだろう。

オミッションエラーとコミッションエラー

エラーを、オミッション（省略）エラーとコミッション（実行）エラーに分ける方法がある。前者は定められた手続きを実行しないために起こるもので、ウィンカーを出さずに車線変更するなどがこれにあたる。

後者は実行したが不確実だったり、間違えたりするものだ。ブレーキを踏んだが十分でなかったため衝突した、ハンドルを切ったがカーブを曲がりきれず飛び出した、などである。

このエラー分類法は、主に製造業や原子力発電所のヒューマンエラー研究から考えられたもので、そのまま自動車に当てはめると無理があるかもしれない。最大の理由は、それらの分野では異常が発生した場合、対処するために多少の時間があるからだ。

車の場合は、ゆっくり考えている時間がない。最近はACC（自動車間制御システム）をはじめ様々な自動化装置が車に採用され始めた。ドライバーの作業は次第に監視作業に移り、これまでとは異なる視点のエラー分析が求められるようになるかもしれない。

確率的に一生に一度は交通事故に遭う

航空機の管制システムや衝突防止装置については、一般にも広く知られている。よく飛行機を利用する人でも、離着陸時や上空で大きく揺れたりすると不安を覚えるのは、ニュースで見る墜落時の惨状のせいもあるだろう。しかし、旅客機が事故を起こす確率は、毎日多数発生する自動車事故と比べると問題にならないほど低い。にもかかわらず、車の運転を気楽に考える人が多いのはなぜだろうか。

人間の寿命を仮に100年とすれば、病気や不慮の事故、災害死を考慮すると、2年ほど寿命が縮まるという(3)。しかし、人間の行動は常に事故を回避するようには働かず、一定のリスクを前提として行われている。

2年が長いか短いか、人によって感じ方は違うにせよ、誰もが様々なリスクに対してどの程度なら受け入れるか、という個人的なレベルを持っている。

そのレベルは個人の特性や社会状況、期待される利益の大きさによって変わり、報酬が大きければ相当な危険を冒すという人もいる。

また、その行動が自ら望んで行う自発的なものか、仕方なく、あるいは強制されたものかによっても違う。自発的であれば多少のリスクは許容しても、強制的なら低いリスクでも許すことができない。宇宙飛行で事故が起こる確率は数百分の一と高いが、人間は宇宙への関心から積極的に参加しようともする。逆に福島の原発事故以来、非常に低リスクであっても原発は許容できないという人が増えている。

ある研究によると、人は「1000人に1人」の死者が出る事象には直ちにリスク減少の努力を行う。「1万人に1人」では一致した行動は起こしたがらないが、リスク減少のために金を出し、「10万人に1人」だと、リスクを避けるためにある程度の不便を容認し、「100万人に1人以下」だと、ほとんど関心を示さなくなるという(4)。

日本人の死亡原因の中で、1000人に1人というリスクレベルに該当するのは病気だけで、癌や心疾患の研究が進んでいるのも頷ける。10万人に1人程度は労働災害や火災が該当し、100万人に1人以下は天災がその典型だが、大地震や台風が多い日本ではかなり関心が高い。

交通事故による死亡リスクは、ごく大まかに言えば1万人に1人というレベルだ。交通安全に向けてドライバー一丸となって行動は起こさないまでも安全装備などにはお金を出す、というレベルだろう。

移動距離当たりの事故率では、車に比べて格段に安全な乗り物とされる航空機は、パイロットは離着陸時こそ緊張の連続でも、危険回避システムがしっかりしている。上空で他機が間近を飛び回るわけではなく、飛行が自動制御され、機器の監視や衝突防止のハイテク装置が備えられている。鉄道も同様で、飛び込み自殺などを除けば死亡事故は非常に少ない。

しかし、大量の旅客輸送を目的とする飛行機や鉄道と、主に操縦者をバックアップする車とではあまりにシステムがかけ離れており、同じレベルでリスクを論じても意味がない。そこで、車にはどのぐらいのリスクがあるのかを見てみよう。

二〇一〇年を例にとると、年間に交通事故で負傷する確率は0・0057、うち死亡者は4863名で0・000038、重傷者は5万1528名なので0・0004、軽傷者は84万4680名で0・0066になる。

平均すると交通事故で日本人の1000人に6・6人が軽傷を負い、1万人に4人が重傷を負い、10万人に3・8人が死亡しているわけだ。軽傷事故といえども経済的損失や後遺症の可能性があるから、かなりハイリスクといえるだろう。

こうしてみると、日本人は確率的に一生のうち一度は交通事故に遭遇して負傷するか死亡する可能性がある、ということである。ひどい不運を交通事故になぞらえることがあるが、実際は、非常に高い遭遇確率だ。

にもかかわらず交通事故がなかなか減らない背景には、車の運転という自ら進んで行う場合の能動的リスクはテロや原発のような受動的リスクに比べ、リスク受容のレベルが1000倍ほども高い、という心理的な要因があるのだろう。

交通のリスク管理

近年、交通のリスク管理が、保険業界を中心として盛んに論じられるようになった。事故低減によって利益が得られる輸送業界や自動車を所有する企業も、リスク管理を進めることに熱心である。

しかし、個人レベルのリスク管理となると、ほとんどのドライバーが何もしていない。渋滞情報や取り締まり情報には関心があるが、どの交差点の何が危険だとか、近くに幼稚園や小学校があるので時間帯によっては要注意、などは気にもかけないようだ。

現在、全国の事故多発地点（約３２００ヶ所）が公表されており、ネットでも閲覧できるので、普段走る道路はもちろん、出かける先のどの地点が危険なのか、調べておいたほうがよいだろう。

個人レベルで運転リスクを管理するには道路情報の他、日々の自分の体調、心理的・情緒的な状態、さらには運転技能の正確な評価など自分自身を客観的に認識する能力が必要である。自分の能力を正しく認知することをメタ認知というが、自分を観察する力をつけ、普段の運転を振り返ることから本当のリスク管理が始まる。

統計データと事例データが物語ること

死亡事故件数はかなり減少してきたが、事故件数は劇的には減っていない。もちろん死亡事故を減らすことは最も重要だが、それだけでは充分ではない。

ハインリッヒの法則に倣えば、大事故の背景には必ず中程度の事故があり、その背景には事故にはならないが潜在的な危険行動が数え切れないほどあるのだ。そうした危険行動をなくしていかない限り、やがては大事故が起こる。

交通事故データには統計データと事例データがある。統計データの代表が「交通事故統計年報」で、交通事故総合分析センターから毎年発行される。全体の事故発生状況を把握し、全国的な対策の立案、長期の対策を考える上で役立っている。

事故の発生件数と他の変数との関係は、自動車保有台数との関連が最も相関が高い。保有台数、免許人口と死傷事故発生件数は右肩上がりだから、死亡事故だけをとらえれば死亡事故低減のために様々な努力が払われてきたことがわかる。

工学（Engineering）、環境（Environment）、規制（Enforcement）、教育（Education）のいわゆる事故対策の4Eのうち、死亡事故低減に最も寄与しているのは工学的な対策だろう。一九七〇年代後半に始まった実験安全車の構想が実を結びつつある。また、救急医療技術の進歩や救急救命病院の配置も見逃せない。

道路環境は、道路総延長が延びるとともに高速道路が発展し、より安全な高速移動が可能になってきた。左折巻き込み事故を防止するための交差点の隅切り、右折レーンの整備や矢印信号の普及は右直事故の防止に役立っている。

規制面では大型車の速度制限、飲酒運転の罰則強化などが効果をあげている。

では教育はどうだろうか。若年層の死亡事故は減少傾向にあり、初心者講習の効果が認められるが、社会の高齢化に伴い、高齢者の死亡事故が増えている。高齢者講習が開始されたが、その効果はこれから見なければならない。高齢者の重大事故、16～29歳の年齢層の事故率の高さには注意が必要である。

違反別交通事故件数を見ると、安全不確認や脇見など認知エラーが6割以上を占める。取り締まりの最大の対象である速度違反は1％にも満たないから、なぜ警察はスピードばかり取り締まるのか不満かもしれないが、死亡事故での違反は最高速度違反が15％と突然高くなる。速度を出すほど危険度は増すのである。

またシートベルトの非着用時の致死率は運転席では着用した場合の約28倍、助手席が約11倍、後部座席は約9倍。取り締まりには相応の理由があるということだ。

現場調査の実際

一方の事例データを見ていくと、ドライバーはどんな場合にそういう行動をするのか、視野を妨げる要因など、統計データにないものが浮かび上がる。

三十年ほど前に初めて参加した現場調査は、高速道路で故障停車中の大型トラックに後続の大型トラックが追突、後部ベッドで仮眠を取っていた交代の乗員が頭部を潰されて死亡する事故だった。車内は血だらけで臭いがすごく、惨劇に強くない筆者は、とんでもない仕事をやる羽目になった、とショックを受けたものだった。

調査では1チーム2〜3名で1件の事故を担当する。車両担当は潰れ具合の測定や車内の衝突状況、乗員の人数などを調査。環境担当は事故車の写真、道路環境調査、スリップ痕、ドライバーへの質問などを行う。

数時間の現場調査の後、関係者が搬送された病院で傷害程度の調査票を担当医に依頼する。1件で丸一日、関係車両が多いと早朝から深夜までかかることもあった。

しかし、専門の調査員でも、説明のつかない事例や原因を特定するのが難しい事故もある。航空機のようにフライトレコーダーがあればと何度も思ったが、最近は安価なドライブレコーダーが発売されているので今後の進展に期待したい。

調査をした中には、一般道を100キロ超で走り電柱に衝突して車体が真っ二つになった、飲酒運転でガソリンスタンドに飛び込みブロック塀に大穴をあけた、など事故になって当たり前というのもあれば、左右を確認してゆっくり交差点に進入したらバイクが急接近してきて、慌ててアクセルを踏み道路中央で衝突した、など気の毒な事例もあった。

筆者は交通心理が専門で衝突傷害や車両挙動に関しては素人だが、事故調査を通して知ったことは多かった。出合い頭の側面衝突で、右ドアが十数センチへこんだだけだから大した事故ではないと思っていたら、車両担当は重傷事故かもしれないという。搬送先の病院で聞くと、骨盤を骨折する重傷だった。速度が遅く、車の損害は小さくても人体には大きな損傷を与える場合があるのだ。

事故調査データは1000以上の調査項目からなる。一見必要ないと思われるデータでも、後から一つずつ検討していく際に重要になることがある。特に乗員の身長などは衝突部位や、車内からの視認状況を検討する時に省くことができない。

しかし、人的要因関係の項目は調査が難しいことが多い。回避動作や直前の速度はある程度正確なデータを得られるが、過去の事故や違反歴、年間走行距離などを正確に回答する人は少ないからだ。

事故の発生経緯や原因の推定といった全体像、脇見や速度判断エラーなどの直接的な原因、飲酒や疲労などの間接的な要因を特定することはできても、背景にある普段の運転行動や安全に対する個人の考え方までは分からない。

事故の人的要因の調査には様々な限界があるが、それでも同じような事故類型を集めて詳しく分析してみると、事故につながる運転行動が見えてくるものである。

運転はどこまで自動化できるか

行楽からの帰路、高速道路は大渋滞。同乗の妻子は疲れて眠っている。ハンドルを握る父親も当然疲れてはいるが、片時も眠るわけにはいかない。そんな時、短時間でもいいから誰か運転を代わってくれないものか、と考える。

十数年前、開通前の上信越自動車道で自動運転の実験が行われた。種々の警報システムや自動化装置の実験も同時に行われ、異なる種類の乗用車が先頭車両に自動的に追従して走るのはなかなか壮観で、思ったよりも快適な乗り心地だった。

だが、完全な自動運転が一般に行われるのは相当先の話である。今の車は部分自動あるいは半自動の段階で、まだまだ人間がせっせと運転しなければならない。

もともと人間には移動の欲求がある。江戸時代は村から一歩も出ない人もいれば、お伊勢参りや湯治など物見遊山が好きな人たちもたくさんいた。人間を取り巻く周辺環境は概してゆったりしたもので、歩行か駕籠での移動で速度もたかが知れていたし、人間の能力もその速度に対応できれば充分だった。

それが産業革命を契機として、人間は膨大な力とスピードを手に入れた。現代では新幹線が300キロ、旅客機なら800キロと、人間が乗る移動体の速度の歴史的な変化はとてつもなく速い。各国の鉄道の速度競争を見ても、人間の速度への欲求はとどまることを知らないようだ。

しかし、速度上昇に伴う操縦者の負担は非常に重く、それを軽減するために色々な装置がある。航空機の自動操縦装置は、パイロットが操縦桿から手を離しても飛行を続けられるように開発された。最近は離着陸の自動化技術も進んでいる。鉄道には列車自動制御装置（ATC）がある。もちろん、パイロットも運転士もそのための教育訓練を十分に受けている。

自動車は飛行機や新幹線よりは遅いが、人間の能力から見たらとんでもなく速い。しかし、飛行機や鉄道のように自動化システムも訓練も大して進歩していないのだ。

車の自動化が進めば、輸送の信頼性や経済性が向上し、環境にもよい影響があるだろう。専用レーンができれば物資の安定供給に計り知れないメリットがある。だが、現状ではとてもその段階には達していない。

車の自動化で最も身近な例は自動変速機、いわゆるオートマで、経済性はマニュアル車にやや劣るが現在ほとんどの乗用車に採用されている。

以前、オートマ車の急発進事故が話題になった時、車両とドライバーの双方から原因が追究されたが、結局、詳細は分からなかった。今でも時々同様の事故があり、アクセルとブレーキの踏み間違いが主な原因とされている。

オートマとはあくまでオートマチック・トランスミッション、つまりギアチェンジの負担をなくす装置であって、操作自体が自動化したわけではない。操作ミスがあればたちまち事故になる。オートマ車はマニュアル車より事故率が高いそうだから、この程度の自動化は、安全度を大幅に上げるものではないということだ。

他にも、雨が降ると自動的にワイパーが作動する雨滴感知ワイパー、暗くなると前照灯が勝手に点灯する自動点灯装置、車体の安定に関する制御装置類などが実用化されているが、ユーザーにとっては自動化と呼べるほど画期的なものではない。

近年は先進安全自動車（ASV）開発が盛んで、自動的に先行車を追尾するACC、ナイトビジョン、追突防止装置、ナビ協調システム制御などが相次いで実用化され始めた。

クルーズ・コントロールは長距離トラックなどにとっては利便性が高いものの、日本の道路事情では、普通の車はすぐに解除せざるを得なかったり、少し気を許すと極端に車間が詰まったりするのでかえって精神的に疲れてしまう。その度に操作を伴うのも煩雑で、筆者自身お試し程度にしか使ったことがない。追尾という点では進歩しているが、他の車とは異なる走り方をしたいというドライバーには魅力がないだろう。

ナイトビジョンはアクティブヘッドライトとの併用により、夜間、道路上や道路脇の歩行者を感知して知らせるシステムである。夜間視力の低下した高齢者にとっては役立つとしても、霧や雨天時の信頼性には疑問が残る。

流行の追突防止装置は、前の車との車間距離が短くなると警報音が鳴り、さらに危険な車間距離になったら警報音とブレーキでドライバーに回避とブレーキ操作を促す。追突が避けられないと判断した場合は、緊急ブレーキで衝突速度を落として追突被害の軽減をはかるもの。以前からある車間距離警報装置は誤警報がありユーザーに受けいれられなかったが、今後どうなるのか興味深いところである。

自動化の限界と操縦の魅力

2章で述べたように、危険の認知から回避操作を行うまでの時間を短縮できれば、かなりの事故を減らすことができる。そのために先進技術が有力であることに間違いはない。人間の能力には限界があり、自動車の性能がその限界を超えているのだから、何らかの援助機能が求められるのは当然である。

自動化に伴うヒューマンエラーとして、名古屋空港エアバス機事故（一九九四年）、日航機同士の駿河湾上空での異常接近（二〇〇一年）などがあった。機械優先か人間優先か、航空関係では「最終決定権は人間に与えるべき」という主張があるが、それに従えば車の場合は事故を回避できないことになる。自動車事故は非常に短時間で発生し、対処するための時間的余裕がほとんどないからだ。

自動車事故のほとんどは人的要因で発生し、ドライバー個人が責任を問われる。自動停止装置が働いている間にハンドルを切って対向車線に飛び出したとしたら、装置が働かなければ事故にならずに済んだのに、という事態も考えられる。

そもそも、あらゆる場面を想定して安全確保するのは道路交通では至難の業だ。装置の稼動中に事故になった場合の責任の所在があやふやで、人間と機械の責任割合がどうなるのか法的な解釈も整備されていないのが現状である。

自動化に伴う機械と人間の関係は、先行する航空機でもまだ定まっていない。自動車はほとんどが個人の乗り物で、ドライバーがあまり訓練されていないことを考えれば、早急に指針を示さなければならないだろう。人にやさしいはずのシステムが、事故が起きたら人に厳しいシステムにならないようにしたいものだ。

ドライバーというのは、便利で新しい技術をすぐに受け入れる傾向がある。今は標準的になったカーナビも、当初は精度の割には値段が高くて普及しなかったが、GPSの採用で精度が向上すると一気に広がった。だが、運転中のカーナビや携帯電話使用はブレーキ反応の遅れ、速度低下と車間距離の広がりなど他のドライバーにとっては迷惑行動につながっている。

今後様々な安全装置が装備されるようになると、少々無理をしても車が事故を回避してくれると考え、もっとリスキー、あるいは無謀な運転をする人が出てくるだろう。自動的にレーンを保持してくれるなら、とハンドルから手を離すドライバーもいるかもしれない。安全を人任せにするような態度では、せっかくの安全装置もかえって大きな危険をもたらす可能性がある。

ただ、観光バスのように多くの人を乗せる車両や、追突の加害度の大きな大型トラックなどは、鉄道と同じように衝突防止装置や車線保持装置の装着を義務付ける段階に来ているかもしれない。

ドライバーは常に予測しながら行動している。信号のない交差点では優先と非優先、相手の位置などを考慮して判断するが、機械だったら非優先側では頑なに停止したままになる。ゴルフカートならともかく、一般道ではストレスがたまるはずだ。

いずれの技術も評価が定まるには時間がかかるだろう。もともと車を運転する楽しみは、多少リスクを伴いながら、自分が操縦して移動するという感覚である。それを奪うと商品としての魅力は半減してしまう。それと安全性の向上と、いかにバランスをとるかが最大の課題だろう。

最近、自動車の自動運転システムが話題である。十年後には、実際に発売されるというので大きなニュースにもなった。

自宅の車庫でエンジンをかけると、目的地の駐車場まで勝手に運んでくれる。その間、危険な状況があれば、車側が対処してくれる。筆者のような面倒くさがり屋には理想的なシステムのようにも思える。

だが待てよ。新しい道路や工事区間もその都度判断してくれるのだろうか。駐車車両の陰から飛び出してきた歩行者を避けたら、同時に反対側から自転車が出てきたらどうするのだろうか。もしシステムが故障したらどうなるのか。居眠りをしても構わないのか。どうせ運転しないのなら、運転免許も要らないではないか。事故がないなら、われわれの仕事もなくなり、暇になりそうだ——など、疑問は次々に浮かんでくる。

しかし、やはり現実はそんなに甘くなさそうである。おそらく、十年後にもドライバーの注意・監視義務や事故時の対応は、現状とさほど変わらないだろう。

おわりに　交通心理学の使命

二〇一二年の交通事故死者数は４４１１人で、過去最悪だった一九七〇年（1万6765人）の4分の1にまで減った。筆者を含めて事故防止の研究者が、いつかお役御免になるなら喜ばしい限りだが、ヒューマンエラーは他分野にも広がっている。

心理学は人間が営む全てのことに関係する。交通心理学は応用心理学の一分野として日本心理学会でも認められた領域で、心理学的な知見を交通社会に活かそうという目的で研究が行われている。

現在、日本で交通心理学関連の研究者と実務家は８００名程おり、日本交通心理学会という団体があり、交通心理士という学会認定資格も出している。ヨーロッパやアメリカでも多くの研究者が活発に活動し、毎年のように国際学会が行われている。

交通心理学の普及に努めた宇留野藤雄氏は、交通心理学の研究内容として以下の項目を挙げているが、これらは今も交通心理学研究の中心的テーマである(1)。

事故の人的要因の分析／個人差と運転行動(性格、年齢、性差など)／運転と心身機能(視機能、アルコールの影響など)／運転者の不適格因子の評価(適性)／歩行者の交通行動／緊急事態における道路利用者の反応と教育・広報／道路利用者の生涯教育システムの開発／情報提供システム

人的要因の分析は、統計と事故調査から対策を立てるために不可欠である。個人差と運転行動は、年齢や経験からくる運転行動の変化、性格による運転行動の特徴などが研究対象になる。経験や性格との関連で、よくリスク知覚が論じられる。運転と心身機能は、運転をするための人間の基本的能力の部分だ。速度感や距離感といった認知判断の研究をはじめ疲労、薬物の影響などが幅広く研究されている。運転適性の問題は、交通心理学の発足当初からの課題で、現在は免許取得の際に適性テストが行われる。輸送や人命を預かるプロドライバーは適性の有無が重要だ。

日本は歩行者事故の多い国で、道路環境の問題を含めて今後も研究と対策が発展して

いくことが望まれる。また天災が多い日本で、緊急時のドライバーや歩行者の対応は常に重要な問題である。高齢化の急速な進展に伴い、生涯教育システムも今後の大きな課題だろう。

最後の情報提供に関しては、最近は道路情報や緊急情報が非常に得やすくなった。その反面、携帯電話やナビの利用が事故につながっており、新しい課題として浮かび上がっている。まだまだ交通心理学が取り組まなければならない課題は多い。

*

心理学者ワーゲナーらは、長期にわたって出現する事故には背景要因があると指摘している。ハードウェアの欠陥、矛盾した目的、乏しい管制手続き、乏しい維持管理、不十分な訓練、違反を助長する条件、およびシステマティックな交通の考え方の欠如などがその内容であるという(2)。

確かに、車に欠陥があれば直ちに事故に結びつき、運転経験が浅い初心者は事故率が高いが、特に重要な要因として「矛盾した目的」、「不安全を助長する条件」、「組織の欠如」を指摘している。

交通場面には多くの場合、矛盾した目的が存在する。速度制限は安全を高めるが、時間の損失を招く。ドライバーは制限速度を守れば業務を達成できないこともある。車を自動的に制御して車速を制限以内に抑えて走らせる研究は事故の抑止には有効だが、時間損失、つまり経済効率の点では直ぐには受け入れられない。

不安全を助長する条件として不必要な信号機、不十分な駐車スペースが挙げられる。短い間隔の信号で毎回停止させられたらドライバーのストレスが増し、ギリギリでも通過しようとする人が増える。違反行動が助長され、いずれ事故につながる。駐車スペースがなければ買い物もできないので違法駐車が増える。交通流が乱れる原因となり、事故を誘発することになる。

障害者用スペースに堂々と駐車する一般車両は論外だが、交通安全に関わる組織や団体が十分機能しないと、こうした違法ドライバーが増える。交通全般にわたるシステマティックな考え方のできる組織がなければ効果は上がらない。

交通に関わるヒューマンエラー防止には、こうした遠因を取り除いていくことが必要である。

ヒューマンエラーはいつどこでも、日常的に発生している。多くの場合は修正が可能で、間違いに気づいてやり直すこともできる。しかし、本書で述べてきたように交通場面はやり直しがきかず、たまたまのエラーが大事故につながりやすい。

自身の身体的・心理的状態と能力を正しく把握し、評価するメタ認知力を高めること、一見何でもない状況でも常に危険を予知する能力を高めておくことが大切である。

21世紀も、交通社会と車の安全装備が発展していくのは間違いない。しかし、車を運転するのはあくまでドライバーなのだ。設備や装置に頼らなくても、事故を起こさない運転を身につけるよう心から願っている。

最後に、本書刊行に当たり、（一財）日本交通安全教育普及協会・元編集長の小嶋京子氏および「新潮新書」編集部の阿部正孝氏に心から感謝を申し上げる。

二〇一三年九月

著者

【おわりに】
1. 宇留野藤雄：人と車の心理学，交通心理学会編，企業開発センター，1993
2. Wagenaar, W. A., and Reason, J. T. : Types and tokens in road accident causation, Ergonomics, 33, 10/11, 1365-1375, 1990

2．三浦利章：行動と視覚的注意, 風間書房, 1996
3．Rumar, K.：Dirty Headlights-Frequency and Visibility Effects, Ergonomics, 17, 4, 529－533, 1974

【5】
1．石田敏郎：バリエーションツリーによる事故の人的要因の分析，自動車技術会論文集, 30, 2, 125－131, 1999
2．長山泰久：ドライバーの心理学，企業開発センター，1979
3．神田直弥・石田敏郎：出合頭事故における非優先側運転者の交差点進入行動の検討, 日本交通科学協議会誌，1, 1, 11－22, 2001

【6】
1．齋藤良子・松浦常夫：日本交通心理学会編：人と車の心理学Q＆A 100, 60－61, 企業開発センター, 1993
2．Young, D. S. and Lee, D, N.：Training children in crossing skills using a roadside simulation, Accident Analysis and Prevention, 19, 5, 327－341, 1987
3．Webb, G. R., Sanson-Fisher, R.W. and Bowman, J. A.：Psychosocial factors related to parental restraint of pre-school children in motor vehicles, Accident Analysis & Prevention, 20, 2, 87－94, 1988

【9】
1．宇留野藤雄：異常時（大地震・トンネル内火災）にはどのような運転をするか, 日本交通心理学会編, 安全運転の人間科学２, 262－295, 企業開発センター，1982
2．Treat, J. R., Tumbas, N. S.,McDonald, S. T., Shinar, D., Hume ,R. D., Mayer, R. E., Stansifer, R. L., & Castellan, N. J.：Tri-level study of the causes of the traffic accidents : Volume I, Research Findings, DOT HS－801334, 1975

【10】
1．Norman, D. A.：Categorization of Action Slips, Psychological Review, 88, 1, 1－15, 1981
2．Reason, J.：Human Error, Cambridge University Press, 1990
3．上原陽一：平野敏右編：安全の目盛, コロナ社, 1991
4．林喜男ほか編：人間工学, 日本規格協会, 1981

Applied Psychology, 53, 1969
4. Ishida, T. and Matsuura, T.：The Effect of Cellular Phone Use on Driving Performance, IATSS Research, 25, 2, 1-9, 2001
5. Donald, A. R., & Robert, J. T.：Association between cellular-telephone calls and motor vehicle collisions, The New England Journal of Medicine, 336, 7, 453-458, 1997

【3】
1. Mourant, R. R. and Rockwell. T. H.：Strategy of visual search by novice and experienced drivers, Human Factors, 14, 4, 325-335, 1972
2. 小島幸夫：初心運転者と熟練運転者の運転特性（第1報：注視特性について）, 自動車技術会論文集, 28, 2, 73-78, 1997
3. 松浦常夫：初心運転者の自己評価に基づく免許取得後5年間の運転変化, 応用心理学研究, 21, 31-42, 1996
4. ラスムッセン, J.：海保博之ほか（訳）：インタフェースの認知工学, 啓学出版, 1990
5. 太田博雄：高齢者の安全教育, 大阪交通科学研究会編・交通安全学, 企業開発センター交通問題研究室, 300, 2000
6. 小川和久・蓮花一己・長山泰久：ハザード知覚の構造と機能に関する実証的研究, 応用心理学研究, 18, 37-57, 1993
7. Sivak, M., Soler, J., Trankle, U. and Spagnhol, J. M.：Cross-cultural differences in driver risk-perception：Accident Analysis & Prevention, 21, 4, 355-362, 1989
8. Furukawa, O. and Sano, S.：A study of drivers control behavior based on accident investigation, paper presented at The 7th International Technical Conference on Experimental Safety Vehicles, 1979
9. Farber, E.：Passing behavior on public highways under daytime and nighttime conditions, Highway Research Record, 292, 11-23, 1969
10. Wilde, G. J. S.：The theory of risk homeostasis：Implications for safety and health, Risk Analysis, 2, 4, 209-225, 1982

【4】
1. 荒井弘志：道路照明が社会に及ぼす効果, 交通工学, 25, 2, 1990

註記・主要参考文献

【はじめに】

1. 橋本邦衛：運転の疲労と単調，交通医学，Vol.27, No.1, 1-29, 1973

【1】

1. 丸山康則：パニック状態，大島正光（編），からだの科学，113-118，日本評論社，1986
2. 石田敏郎・市原茂・垣本由紀子・神作博：運転中に遭遇する緊急事態とその対処法に関する研究，交通心理学研究，8, 1, 1992
3. Johansson, G. and Rumar, K.：Driver's brake reaction times, Human Factors, 13, 1, 23-27, 1971
4. Metzler, H. G.：Computer vision applied vehicle operation, SAE paper, 881167, 1988
5. Fergenson, P. E.：The relationship between information processing and driving accident and violation record, Human Factors, 13, 2, 1971
6. 宇留野藤雄：交通心理学，技術書院，1972
7. Moskowitz, H. and Robinson, C.：Driver-related skills impairment at low blood alcohol levels. In: Noordzij, P. and Roszbach, R. (Eds), Alcohol, drugs and traffic safety-T86, Exerpta Medica, 79-86, 1987
8. 末永一男：安全運転の科学，日本放送出版協会，1970
9. Hicks, J. A.：An evaluation of the effect of sign brightness on the sign-reading behavior of alcohol-impaired drivers, Human Factors, 19, 1, 45-52，1976
10. Denton, G. G.：A subjective scale of speed when driving a motor vehicle, Ergonomics, 9, 3, 203-210, 1966

【2】

1. 石田敏郎：事業用トラック事故の人的要因分析——追突事故と対歩行者・自転車事故の比較，交通心理学研究，8, 1, 19-26，1992
2. 中村愛・島崎敢・石田敏郎：タクシードライバーの休憩の取り方に関する事故反復者と優良運転者の比較，交通心理学研究，28, 1, 1-7. 2012
3. Brown, I. D., Tickner, A. H. and Simmonds, D. C.：Interference between concurrent task of driving and telephoning, Journal of

石田敏郎　1946（昭和21）年生まれ。
早稲田大学文学部卒業、同大学院
修了。同大人間科学部教授。日本
交通心理学会会長。（財）日本自動
車研究所研究員などを務める。

Ⓢ新潮新書

545

交通事故学《こうつうじこがく》

著　者　石田敏郎《いしだとしろう》

2013年11月20日　発行
2020年 1 月15日　3 刷

発行者　佐　藤　隆　信

発行所　株式会社新潮社

〒162-8711　東京都新宿区矢来町71番地
編集部(03)3266-5430　読者係(03)3266-5111
http://www.shinchosha.co.jp

印刷所　株式会社光邦

製本所　株式会社大進堂

ISBN978-4-10-610545-6 C0211

価格はカバーに表示してあります。

Ⓢ新潮新書

486
犯罪者はどこに目をつけているか
清永賢二　清永奈穂

狙われるヤツには死角がある、自分たちはそこを突く――伝説的大泥棒はそう警告する。わが身、わが家、わが町を犯罪から守るために何をすべきなのか。異色の防犯読本。

488
日本農業への正しい絶望法
神門善久

「有機だから美味しい」なんて大ウソ！ 日本農業は良い農産物を作る魂を失い、宣伝と演出で誤魔化すハリボテ農業になりつつある。徹底したリアリズムに基づく農業論。

490
間抜けの構造
ビートたけし

漫才、テレビ、落語、スポーツ、映画、そして人生……、〝間〟の取り方ひとつで、世界は変わる――。貴重な芸談に破天荒な人生論を交えて語る、この世で一番大事な〝間〟の話。

500
国の死に方
片山杜秀

リーダー不在と政治不信、長引く不況と未曾有の災害……近年、この国の迷走は、あの戦争へと至る道に驚くほど通底している。国家の自壊プロセスを精察する衝撃の論考！

501
たくらむ技術
加地倫三

バカげた番組には、スゴいたくらみが隠れている――テレビ朝日の人気番組「ロンドンハーツ」「アメトーーク！」のプロデューサーが初めて明かす、ヒットの秘密と仕事のルール。

Ⓢ新潮新書

515
経営センスの論理
楠木建

「よい会社」には戦略に骨太な論理＝ストーリーがあり、そこにこそ「経営センス」が現れる——。ベストセラー『ストーリーとしての競争戦略』の著者が語る「経営の骨法」。

516
悪韓論
室谷克実

こんな国から学ぶべきことなど一つもない！　喧伝される経済・文化の発展はすべてがまやかしだ。外見は華やかでもその内実は貧弱な隣国。その悪しき思考と行動の虚飾を剝ぎとる。

518
人間関係
曽野綾子

「手広く」よりも「手狭に」生きる、心は過不足なくは伝わらない、誰からも人生を学ぶ哲学を……この世に棲むには、他人と世間、そして自分と向き合うための作法がある。

519
嘘の見抜き方
若狭勝

「取調べのプロ」は嘘をどう崩すのか？　相手の目を見ず質問する、嘘を言わずにカマをかける、「話の筋」を読む……検事経験26年、元特捜部検事がそのテクニックを徹底解説！

520
反省させると犯罪者になります
岡本茂樹

累犯受刑者は「反省」がうまい。本当に反省に導くのならば「加害者の視点で考えさせる」方が効果的——。犯罪者のリアルな生態を踏まえて、超効果的な更生メソッドを提言する。

Ⓢ新潮新書

764
知の体力
永田和宏

「群れるな、孤独になる時間を持て」「出来あいの言葉で満足するな」——。細胞生物学者にして日本を代表する歌人でもある著者がやさしく語る、本物の「知」の鍛錬法。

524
縄文人に学ぶ
上田　篤

「野蛮人」なんて失礼な！　驚くほど「豊か」で平和なこの時代には、持続可能な社会のモデルがある。縄文に惚れこんだ建築学者が熱く語る「縄文からみた日本論」。

525
衆愚の病理
里見清一

「素人」のさばり国滅ぶ——ロジカルでシニカル、ときにアクロバティックな議論から現役医師が日本の本当の病状を炙り出す、毒と逆説と笑いに満ちた社会論。

766
発達障害と少年犯罪
田淵俊彦
NNNドキュメント取材班

負の連鎖を断ち切るためには何が必要なのか。矯正施設、加害少年、彼らを支援する精神科医、特別支援教育の現場などを徹底取材。敢えてタブーに切り込み、問題解決の方策を提示する。

527
タモリ論
樋口毅宏

タモリの本当の〝凄さ〟って何だろう——。デビュー作でその愛を告白した小説家が、サングラスの奥に隠された狂気と神髄に迫る。読めば〝タモリ観〟が一変する、革命的芸人論。